GÉNÉALOGIE

DE

LA FAMILLE DE LA PORTE

EN PÉRIGORD, ANGOUMOIS

SAINTONGE, GUIENNE, POITOU, ETC.

ANGOULÊME

IMPRIMERIE CHARENTAISE DE FRUGIER AINE

Rue d'Iéna, 13

—

1857

A

LA FAMILLE DE LA PORTE

HOMMAGE AFFECTUEUX

DE L'AUTEUR

F.-C.-M.-Frédéric DE CHERGÉ

Armes : D'azur, à la fasce componée d'or et de gueules, de six pièces, accompagnée de deux loups passants d'or, un en chef, l'autre en pointe.

Couronne : De Comte. — Tenants : Deux sauvages.

DE LA PORTE

La famille DE LA PORTE est noble d'ancienne extraction, et on la voit figurer avec honneur à une époque très reculée de nos annales.

Jusqu'ici elle n'a point trouvé d'historien, et nous sommes heureux d'avoir pu, à l'aide de titres authentiques, dresser sa généalogie, qui se recommande par l'exactitude scrupuleuse avec laquelle nous avons analysé les éléments nombreux dont elle se compose.

La famille DE LA PORTE dont il s'agit n'a point de communauté d'origine avec une autre du même nom, qui, fixée en Poitou, a fourni les seigneurs des Vaux, du Theil, etc. Cette dernière, également fort ancienne, est du nombre de celles dont MM. Beauchet-Filleau et de Chergé ont publié les Généalogies dans le *Dictionnaire des Familles de l'ancien Poitou*, 1840-1854, tom. II, pag. 541 et suiv.

Il a existé et il existe encore en France beaucoup de familles de ce nom, toutes étrangères à celle qui fait l'objet de cet article; nous citerons, par exemple, celle qui, fixée en Limousin et dite des seigneurs de Lissac, de La Retaudie, etc., fut confirmée aussi dans sa noblesse, en 1667, par M. l'intendant Daguesseau.

Les membres de la famille dont nous allons nous occuper sont toujours qualifiés dans les titres latins et français les plus anciens, comme avaient seuls le droit de l'être les descendants de race noble; ils sont appelés tour à tour : *Domicellus, damoisel*[1]; *nobilis vir*, noble homme; *sculifer*, écuyer; noble et puissant, haut et puissant seigneur, messire, etc.

Cette famille, plus particulièrement connue de nos jours sous le nom de DE LA PORTE-AUX-LOUPS, à cause des deux loups qui figurent dans ses armoiries, a possédé successivement en Périgord, en Angoumois, en Saintonge, en Poitou, en Guienne, etc., un grand nombre de seigneuries et fiefs importants. La terre de LA PORTE DE LUSIGNAC, au diocèse de Périgueux, paraît avoir été son berceau ; car on lit dans le contrat de mariage de 1382, écrit en latin : *Arnaldus de Portâ, Domicellus, parochianus Ecclesiæ de Lugniacho, Petragoricensis Diocesis.*

NOMS ISOLÉS

RAYMOND DE LA PORTE, qualifié Damoiseau, ratifia le don fait par feu Pierre DE LA PORTE, son aïeul, d'une rente sur des fonds situés au lieu de Saint-Jean-de-Ligoure, en faveur des pauvres de Saint-Gérald de Limoges, le 12 des calendes d'août 1249, *Signé* DUROUX. (*Tableau généalog.*, etc., de Waroquier, Paris, 1787, 5ᵉ vol., in-12.)

Nous ignorons si frère **AUDEBERT** DE LA PORTE, chevalier templier, qui comparaissait, en 1309, devant les commissaires du Pape, était de cette famille.

BERTRAND DE LA PORTE fut tué à la bataille de Poitiers et inhumé aux Jacobins (1356).

PIERRE DE LA PORTE était, en 1370, garde du scel du prince de Galles, à Niort.

HUGUES DE LA PORTE, écuyer, partage, le 25 septembre 1431, avec

---

[1] Qualifications que prenaient autrefois les fils de gentilshommes qui n'étaient pas encore armés chevaliers et n'étaient pas allés en guerre. Quand un chevalier faisait ses premières campagnes, on le nommait *Valetus, Valet;* cette dernière qualité, tombée depuis longtemps en désuétude et presque en mépris, était fort honorable au moyen âge.

RENÉ, son frère, la succession de Jeanne DE QUERVILLE, leur mère, dame de Beaulieu.

JEAN DE LA PORTE servait pour son père, comme brigandinier du seigneur de Jarnac, en 1467.

ITHIER DE LA PORTE servait, en qualité d'homme d'armes du seigneur de Jarnac, au ban de 1467.

RAIMOND DE LA PORTE fut nommé, conjointement avec Dominique DE ROMEFORT (l'un et l'autre qualifiés nobles), le 25 novembre 1490, exécuteur testamentaire d'Anne ou Agnès, dame de Châtillon, qui avait épousé : 1° Guillaume Malet, gouverneur du château d'Exideuil, l'une des plus fortes places du Périgord, lors du siége et de la prise qu'en firent les Anglais ; 2° Jacques d'Essandon.

M. du Fourny, dans un de ses recueils ayant pour titre : *Extrait d'inventaire des Comté de Périgord et Vicomté de Limoges* (voy. Pons, La Porte, pag. 71), cite :

AIMERI DE LA PORTE et Marguerite DE PONS, sa femme, qui reçurent assignation de la part de Renaud de Pons, seigneur de Bragerac, pour avoir à lui payer cent vingt livres périgourdines de rente, assises en plusieurs lieux et terres, situés dans la Châtellenie de Montignac, l'an 1304, *die Jovis post festum B. Andreæ apostoli.*

JACQUES DE LA PORTE, écuyer, seigneur de Florac, reçoit le 2 décembre 1494, de N. Mosnier, veuve, à cause et au nom des enfants nés d'elle et de Jacques du Sault, écuyer, son mari, hommage pour certains fiefs situés vers La Vallade, etc., tenus de lui de temps immémorial, *au devoir de gants blancs appréciés douze deniers, payables à mutation d'homme.*

(Orig. lat. passé à Florac, logis dudit seigneur DE LA PORTE, par Michel Roy, clerc-notaire et juré, garde scel à Angoulême.)

SAMUEL DE LA PORTE, écuyer, sieur de Bois-de-Ret, eut pour femme Esther MEHÉE, qui demeura sa veuve, et se remaria avec Léonard de Puygnion, écuyer, sieur de Montagan. Il en eut :

    1° **SAMUEL**, baptisé dans l'église réformée d'Archiac, le 8 novembre 1605 : parrain, Jean Girard, écuyer, seigneur de Clairon ; marraine, Hippolyte DE LA PORTE, damoiselle, sa sœur ;

    2° **HIPPOLYTE** ;

    3° **JACQUETTE**.

SAMUEL DE LA PORTE, écuyer, seigneur de Bois-de-Ret et de La Laigne, paroisse de Sainte-Leurine, en Saintonge, eut pour femme Élisabeth DE PERREAU, fille de David, écuyer, seigneur de Lisle et du Puydavaillé, en Angoumois, et qui, devenue veuve, était en instance devant le parlement de Bordeaux, en 1643, tant pour elle que pour

ISAAC DE LA PORTE, écuyer, seigneur de Fleurac, avait épousé Marie PETILLAUD, qui, devenue veuve, était en instance devant le parlement de Bordeaux, ainsi qu'Hippolyte et Jacquette DE LA PORTE, damoiselles, Pierre de Chièvres, écuyer, seigneur de Rouillac, Charles de Beaumont, écuyer, et autres. *(Arch. départ. de la Charente.)*

CHARLOTTE DE LA PORTE épousa François D'ALOIGNY, écuyer, seigneur de Bonneval, paroisse d'Escurat, élection de Saintes, qui fut maintenu dans sa noblesse, en 1663, par M. Pellot, intendant de Limoges. Il vint de ce mariage deux enfants : Jean et François. *(Bull. de la Soc. arch. et histor. du Limousin, tom. VI, 3e livr., pag. 182.)*

RENÉE DE LA PORTE, fille aînée du seigneur de Lusignac, douée *d'un rare mérite et d'une grande piété*, épousa Étienne CADIOT, écuyer, seigneur de Saint-Paul, fils de Jean, écuyer, seigneur de Pontenier et de Laudebert, maire d'Angoulême en 1686. Il y a eu des enfants de cette union.

A l'époque où les barons de Mirambeau, les sires de Pons, les seigneurs de La Rochefoucauld, de Rabaine, de Beaumont, de Jonzac, de Montendre, d'Aubeterre, de Rioux, de Jarnac, etc., s'empressaient d'adopter les doctrines que Calvin prêcha pendant trois ans dans la Saintonge et l'Angoumois, après avoir été forcé de quitter Paris (vers 1534), les seigneurs de La Porte se rangèrent aussi du côté de la réforme et ne furent pas des moins zélés à la propager.

Voici la lettre écrite par l'un d'eux à M. de Collonge, au Bourg-de-Four, à Genève, et conservée à la Bibliothèque de cette ville (section des manuscrits) :

Grâce et paix par Jésus-Christ, nostre Seigneur.

MONSIEUR ET PÈRE,

La grande moisson qui est par de-çà, et si peu d'ouvriers, nous contraint toujours d'avoir recours à ceux par le moyen desquels Dieu nous en a pourveus jusqu'à présent; à cette (fin), étant requis de l'église de Cougnac qui est belle et florissante et en bonne liberté, n'ai voulu faillir vous supplier par la présente bien affectueusement d'en avoir pitié, d'autant que s'ils ne sont secourus à ce besoin, ils sont en danger d'estre dissipés, comme vous pourra dire plus au long Mons. Gayon (neveu du lieutenant-criminel d'Engoulesme, que aucunement connoissez), présentement porteur : lequel j'envoie exprès pour rendre plus ample témoignage du zèle qu'ils ont de persévérer de mieux en mieux. Je ne vous recommande plus au long cette affaire, d'autant que m'assure que ne désirez plus en ce monde que l'advancement du règne de Dieu. Par quoi je supplierai, Monsieur et Père, qu'il vous maintienne sous sa protection et garde, me recommandant bien humblement à vos bonnes grâces et prières, comme aussi fais-je à Mademoiselle vostre bonne.

Partie de nostre maison de Fleurat, ce 12 juin 1561.

Vostre bien humble et obéissant fils à vous faire service,

DE LA PORTE.

On trouve dans le *Nobiliaire* de La Rochelle :

DE LA PORTE, seigneurs de La Vallade, de Beaumont, de Saint-Genis, de Sérignac, etc., 1481. — 17 mai 1699. (C'est-à-dire ont prouvé leur noblesse depuis 1481, et ont été maintenus par jugement du 17 mai 1699.)

Seigneurs de Fleurac, de Chastillon, de la Fenestre, de la Cour, etc., 1481. — 10 juin 1699.

La généalogie qui va suivre a été dressée surtout à l'aide des nombreux documents qui nous ont été fournis par M. Armand DE LA PORTE, de Poitiers, l'un des représentants actuels (1857) de cette maison, et nous devons dire que peu de familles sont à même d'établir, par titres originaux, une filiation aussi authentique depuis près de six siècles.

Les mémoires domestiques font remonter le premier degré de cette généalogie à Pierre DE LA PORTE, damoisel, qui vivait vers l'an 1000; mais nous avons mis de côté tout ce qui ne repose pas sur des preuves positives.

§ IER.

PORTE (DE LA). BRANCHE DE LUSIGNAC.

Ier. — **PORTE** (GEOFFROY DE LA), chevalier, vendit, le 8 des ides du mois d'octobre 1262, les terres de La Bachelerie à Guillaume Bachelard, du consentement de ses enfants, qui étaient :

      1° **ITHIER**, qui suit;
      2° **AYMAR**.

IIe. — **PORTE** (ITHIER DE LA), chevalier, seigneur dudit lieu, vivait encore en 1290 et 1295, et eut pour enfants :

      1° **ARNAUD**, qui suit;
      2° **GEOFFROY**, domzel de Lusignac;
      3° **MARIE**, mariée avec Pierre HÉLIE, damoisel.

IIIe. — **PORTE** (ARNAUD DE LA), damoisel, vivait en 1301.

IVe. — **PORTE** (ITHIER DE LA), damoisel, seigneur de La Porte-Lusignac, fils du précédent, vivait en 1340.

V^e. — **PORTE** (ARNAUD DE LA), écuyer, seigneur de La Porte-Lusignac, fils du précédent, épousa en 1370 Huguette FOUCAULD, dont :

> 1° **AYMAR**, qui suit;
>
> 2° **ANNE** ou **AYVE** (*Ayva* dans un titre latin).
>
> Ils passaient ensemble une transaction en 1400, devant l'official de la cour de Périgueux, au sujet de la revendication faite par Anne des choses qui lui avaient été promises en dot par Ithier et Arnaud DE LA PORTE, ses grand-père et père, lors de son contrat de mariage avec Élie DE ROUX *(Helias Ruphi)*, de la paroisse de Montberlou ou Montbourlet, en Périgord, dont elle était alors veuve, ayant un fils nommé Élie.
>
> 3° **MARIE**, mariée avec Géraud DE CHANDERIC, damoisel, seigneur de La Roche-Chanderic (aujourd'hui La Roche-Chandry), commune de Mouthiers, près d'Angoulême. Lors de la rédaction de son contrat, écrit en latin, le 22 septembre 1382, elle fut assistée de son père, dit paroissien de l'église de Lusinhac *(Lusinhaco)*, diocèse de Périgueux, et de son oncle Pierre de Foucauld *(Petrus Fulcaudi)*, abbé de l'ordre de Saint-Benoist, au monastère de Brantôme.

VIe. — **PORTE** (AYMAR ou MARONNET DE LA), écuyer, rendit hommage, le 13 mai 1400, à Pierre, évêque de Périgueux, à cause de la viguerie du bourg de Lusignac et du Mas du Colombier, comme héritier de son père.

Il épousa : 1° Marie COTHÈTE ; 2° Marie DE LILLE, dame de Florac, paroisse de Vaux, en Angoumois, qui était sa veuve le 14 septembre 1453, lorsqu'elle fit son testament devant Pierre Blanchard, garde du scel à Jarnac-Charente. Elle y stipula qu'elle voulait être enterrée dans l'église de Vaux, où reposaient ses ancêtres, devant l'autel de sainte Catherine ; constitua des dons en faveur des Carmes de La Rochefoucauld, des Prêcheurs et des Cordeliers d'Angoulême et de Périgueux, des églises de Vaux, Mérignac, Rouffignac, Échalat et Lusignac ; donna la moitié de ses meubles à Marie du Barry, veuve de son fils aîné, décédé récemment, l'instituant en même temps son exécutrice testamentaire, et légua l'autre moitié aux enfants de sondit fils ; ordonna que Guillaume, son autre fils, prieur de Nontron, fût nourri et entretenu sur les revenus de ses hôtels et domaines, ainsi qu'Agnès, sa fille, à laquelle elle donna une vigne avec des revenus nécessaires à sa vie et à son entretien sur les hôtels de Florac, Laubetour, La Villette et La Porte de Lusignac.

Aymar de La Porte eut du premier lit :

> 1° **ALAIN**, qui suit ;

Et du second lit :

> 2° **ÉLIE**, qui formera la branche rapportée au § II ;
>
> 3° **GUILLAUME** ;
>
> 4° **AGNÈS**.
>
> NOTA. L'historien La Chesnaye des Bois a commis une erreur en indiquant dans l'ordre suivant les enfants d'Aymar : Élie, Alain, Guillaume, Almoidis.

VII°. — **PORTE** (ALAIN DE LA), écuyer, seigneur de La Porte-Lusignac, épousa en 1440 Anne ou Agnès DE PLEIDERAN, dame de Champniers, en Périgord, Cabras et Chambon, dont il eut :

> 1° **JEHAN**, qui suit ;
>
> 2° **TRISTAN**, chevalier *(miles)*, seigneur de La Veitour.
>
> Ils sont tous qualifiés nobles et puissants *(nobiles et potentes)*, dans une transaction qu'ils passèrent au château de Limoges, le 3 août 1498, au sujet des contestations qui s'étaient élevées entr'eux relativement à la succession et au partage des biens de leurs auteurs, et pour lesquels ils étaient en instance devant la cour noble de Périgueux.

VIII°. — **PORTE** (JEHAN DE LA), écuyer (*scutiferus*, dans le titre latin précité), seigneur de La Porte-Lusignac, Champniers, etc., épousa en 1480 Jeanne DU BARRY DE LA RENAUDIE, issue d'une famille du Périgord qui a fourni le chef de la conjuration célèbre connue sous le nom de conjuration d'Amboise (1560).

De ce mariage sont issus :

> 1° **JEHAN**, qui suit ;
>
> 2° **FRANÇOIS**, auteur de la branche de Champniers, rapportée au § IV ;
>
> 3° Autre **JEHAN**, protonotaire du Saint-Siège apostolique ;
>
> 4° **PAUL**.

IX°. — **PORTE** (JEHAN DE LA), écuyer, seigneur de La Porte-Lusignac, etc., épousa :

1° En 1522, Catherine DE LA BALME ou DE LA BAUME ;

2° Léonarde JOUMARD.

Du premier lit, il eut :

> 1° **RAIMOND**, qui suit ;
>
> 2° **BERTRAND** ;
>
> 3° **JACQUETTE** ;
>
> 4° **MARIE**.

Du second lit, il eut :

> 5° JEHAN ;
> 6° GUILLAUME.

Il testa le 11 octobre 1540, fit des legs à tous ses enfants, institua Bertrand, son second fils du premier lit, son héritier universel, et lui substitua ses autres enfants.

X°. — **PORTE** (RAIMOND DE LA), écuyer, seigneur de La Porte-Lusignac, etc., épousa en 1566 Marguerite DE LAMBERT, fille de Bertrand, magistrat au siége de Périgueux, et de Jeanne de Caux, dont il eut JEHAN, qui suit :

XI°. — **PORTE** (JEHAN DE LA), écuyer, seigneur de La Porte-Lusignac, etc., épousa en 1611 Françoise DE BEYNAC, de la famille de l'un des quatre premiers barons du Périgord, fille de Jehan, écuyer, seigneur de La Roque et de Tayal, chevalier de l'ordre du roi, gentilhomme ordinaire de sa chambre, capitaine de cinquante hommes d'armes de ses ordonnances, et de Marie de Fumel. Il en eut :

> 1° PIERRE, qui suit ;
> 2° FRANÇOIS, capitaine et major de la ville et citadelle de Metz ;
> 3° Autre PIERRE, prieur de Cornuel et curé de Lusignac ;
> 4° ÉLIE ;
> 5° FRANÇOISE ;
> 6° Autre FRANÇOISE.

XII°. — **PORTE** (PIERRE DE LA), écuyer, seigneur de La Porte-Lusignac, baron de la Saludie, épousa en 1651, Marie DE LAGEARD, fille de Philippe, chevalier, seigneur de Saint-Martial, grand-sénéchal d'Angoumois, et de Renée Goulard, dont il eut :

> 1° ÉLIE,
> 2° JEHAN, qui suit.
> NOTA. Peut-être que ces deux prénoms d'Élie et de Jehan appartenaient au même personnage.

XIII°. — **PORTE** (JEHAN ou ÉLIE-JEHAN DE LA), chevalier, seigneur de Lusignac, épousa en 1674 Marthe DE LA TOUSCHE, fille de Jacques, écuyer, seigneur de Chillac, et de Marguerite Chollet. De ce mariage :

> 1° JEANNE, femme de Pierre DE LAGEARD, comte de Cherval, son cousin germain, grand-sénéchal d'Angoumois, fils aîné de Jean-Élie, aussi grand-sénéchal, et de Marguerite de La Tousche.

La maison de Lageard a possédé, de père en fils, pendant huit générations, la charge de sénéchal d'Angoumois, jusqu'à Pierre de Lageard, comte de Cherval, petit-fils du mari de Jeanne de La Porte; il était encore revêtu de cette charge en 1789, lorsqu'il convoqua et présida l'assemblée générale des Trois-Ordres de la sénéchaussée d'Angoumois. Elle porte pour armoiries : *d'azur au lion d'argent armé et lampassé de gueules, accompagné d'un croissant d'argent, contourné et placé au côté sénestre de l'écu, en chef.*

2° **MARIE,** née le 26 janvier 1680, reçue chanoinesse de Saint-Cyr au mois d'octobre 1688, sur preuves de sa noblesse.

Nous ignorons si cette branche aînée, dont nous ne trouvons plus désormais de traces, s'est éteinte dans ces deux filles.

§ II.

PORTE (DE LA). BRANCHE DES SEIGNEURS DE FLORAC OU FLEURAC, DE LA VALLADE, DE CHATILLON, DE FONTGUYON, DE SAINT-GENIS, DE MIRAMBEAU, DE COURPIGNAC, DE BEAUMONT, DE CRAVANT, ETC.

VII°. — **PORTE** (ÉLIE DE LA), fils puîné de Aymar ou Maronnet de La Porte et de Marie de Lille, rapportés au VI° degré du § I°, écuyer, seigneur de Florac, fit le 4 mai 1469, d'un commun accord avec François, son fils, un arrentement, sous le scel de Jarnac, de certains domaines sis à Échalat, à Thévenot Delabrousse, dit Barberousse.

Marié en 1433 à Marie DU BARRY DE LA RENAUDIE, dame de La Vallade, en Périgord, il en eut :

1° **ITHIER,** écuyer, seigneur de Florac, mentionné dans le testament de Marie de Lille, sa grand'mère, dans celui de François, son frère, et dans le contrat de mariage de son neveu Ithier, fils dudit François, acheta conjointement avec ce dernier certains domaines situés à Florac, par contrat du 21 octobre 1469, passé devant les notaires de la Châtellenie de Jarnac; reçut, le premier vendredi d'août 1455, l'hommage de Roland Mosnier, bachelier ès-lois, pour ce qu'il tenait de lui, comme l'avaient fait ses prédécesseurs, aux environs de La Vallade, d'Échalat, de Douzac, etc., « AU DEVOIR DE CERTAINS GANTS BLANCS, APPRÉCIÉS DOUZE DENIERS, A MUTATION D'HOMME, etc. » (*Nobilis vir Ytherius de Portâ, dominus de Floraco.*)

Il épousa N., dont il eut deux enfants : JEHAN, écuyer, seigneur de Florac; autre JEHAN, écuyer, seigneur de La Vallade. Nous ignorons leur sort.

2° **FRANÇOIS,** qui suit;

3° **PIERRE;**

4° **MARGUERITE;**

5° **HENRIETTE;**

6° **JEHANNE**, mariée en 1466 à noble homme Pierre de Jussac, écuyer, seigneur d'Argentine, qui en était veuf le 20 mai 1490, lorsqu'il passait un accord devant J. Mangot et Bertrand Richard, notaires à Angoulême, avec Ithier de La Porte, son beau-frère.

Henriette et Jehanne sont mentionnées dans le contrat de mariage de leur neveu Ithier de La Porte, fils de François.

Pierre et Isabeau sont cités dans le contrat de mariage de Françoise de La Porte avec Jehan de Gascougnolles, dont il sera ci-après parlé.

VIIIᵉ. — **PORTE** (François de La), écuyer, seigneur de La Vallade et de Fontguyon, épousa : 1° en 1461, Marguerite DE TURPIN DE CRISSÉ, fille de Jacques, écuyer, seigneur de Montoiron, de Crissé, etc., et d'Isabelle Chabot[1], sa seconde femme; 2° Marguerite DE COUSSY, de laquelle il n'eut point d'enfants.

Il testa, le 3 octobre 1481, à l'abbaye de Bassac, et ordonna qu'on l'inhumât dans l'église d'Échallat, et qu'on y célébrât trois services pour le repos de son âme, de celle de sa première femme et de ses père et mère, et parents et amis trépassés. Il mourut probablement peu de temps après, car, le 21 janvier 1482, il fut fait une transaction entre Ithier de La Porte, son frère, curateur de ses enfants, et Marie de Coussy, sa veuve, pour lors remariée à Jehan N. (nom illisible dans l'acte), écuyer, seigneur de La Matassière.

Il eut pour enfants, de sa première femme :

1° **ITHIER**, qui suit;

2° **GUILLAUME**, écuyer, seigneur de Fontguyon, qui, le 29 mars 1492, cédait une pièce de terre, près du chemin de la Font-du-Peyrat au Maignon, à Ithier, son frère aîné, pour y bâtir une maison. Ils obtinrent l'un et l'autre du roi Louis XII, le 27 octobre 1498, des lettres pour agir contre le prieur de Saint-Genis, et firent, le 15 novembre 1507, avec Jehan et autre Jehan de La Porte, leurs cousins germains, un partage au moyen duquel l'hôtel noble de Florac fut attribué à Jehan l'aîné; celui de La Vallade avec tous ses droits, prérogatives, prééminences, droits seigneuriaux, fonciers et directs, dans les paroisses d'Échallat, Douzac, Hiersac, Asnières et Saint-Amant-de-Nouëre, fut attribué à Ithier; Jehan le jeune eut pour sa part des dépendances de ces domaines ainsi que de l'hôtel de Fontguyon, qui demeura à Guillaume qui l'avait fait construire. Ces domaines s'étendaient sur les paroisses de Vaux, Foussignac, Mérignac, Échallat, Douzac, Hiersac,

---

[1] Fille de Robert Chabot, seigneur de Clervaux, baron d'Aspremont, et d'Antoinette d'Illiers ; ledit Robert fils de Renaud, seigneur de Jarnac, et de sa seconde femme, Isabeau de Rochechouart.

Les armes de Turpin sont : *d'azur à trois besants d'or*, 2 et 1. Antoine et Guy Turpin de Crissé, reçus chevaliers de Malte en 1554 et 1591, portaient : *losangé d'or et de gueules*.

Asnières, Saint-Amant-de-Nouëre. Guillaume eut peut-être pour femme Bernarde DE BARBEZIÈRES. (Dom Fonteneau, 82.)

3° **PIERRE**, dont nous ignorons le sort ;

4° **CATHERINE**, mariée par contrat du 20 décembre 1486, passé à La Vallade devant Rousselot et Groleau, notaires du scel de Villefagnan, avec François Marcosseau, écuyer, seigneur de Luchat, fils de feu Jehan et de Christine N. ;

5° **JEHANNE** ;

6° **ISABEAU**, qui fit un échange avec Marie Corgnol, veuve d'Ithier, son frère, et testa, le 25 octobre 1523, en faveur de Jehan, son neveu, fils dudit Ithier.

IXe. — **PORTE** (ITHIER DE LA), écuyer, seigneur de La Vallade et de Châtillon, obtint des lettres du roi François Ier pour se faire rendre hommage de la seigneurie de Florac. Il se maria, par contrat passé à Roffiac (peut-être Ruffec), le 18 novembre 1486, devant Maud et Martin, notaires du scel de Courcosme, avec l'agrément d'Ithier de La Porte, écuyer, seigneur de Florac, son oncle et curateur, avec Marie COURGNOLLE (DE CORGNOL), dame de Châtillon[1] et de Mirebazain, en Poitou, fille de feu Collin, écuyer, seigneur desdits lieux et de Fontenille, et de Marie de Massougne.

De ce mariage sont issus :

1° **JEHAN**, qui suit ;

2° **FRANÇOISE**, mariée, par contrat passé à La Vallade devant Boydon, notaire, le 9 juin 1513, avec Jehan DE GASCOUGNÓLLES, écuyer, seigneur de La Tailhée, fils de feu Pierre, écuyer, et de Marguerite Thibaud. Ils transigeaient, le 29 décembre 1547, avec lesdits seigneur et dame de La Vallade, au sujet des clauses de ce contrat et notamment de l'abandon de certains droits, sis à Boisbretier et Benetz, consistant en maisons, fuies, garennes, pêcheries, etc.

3° **GUIONNE**, mariée : 1° par contrat passé à La Vallade, le 21 janvier 1531, avec Jehan DU CLAVEAU, écuyer, seigneur de Puyviaud, fils de feu Henri et d'Antoinette Voussard ; 2° avec Loys Auldureau, écuyer, seigneur de Luchat, paroisse de Chassors ;

4° **MARGUERITE**, mariée avec Pierre DU PLESSIS, écuyer, seigneur dudit lieu et d'Auge, veuf de Marie de La Faye, dont il avait des enfants. Leur contrat fut passé à La Vallade, devant Mathieu Mesnard, notaire royal, le 21 juin 1556. Le 18 février 1572, elle fit donation, devant Cybard Couriaud, notaire, à Raimond Desmier, écuyer, seigneur du Breuil, de Blanzac et des Barrières, et à Christine du Plessis, sa femme.

5° **MADELEINE**, mariée, le 20 décembre 1539, à Élie DE POULIGNAC (Polignac), écuyer, seigneur des Fontaines, etc., fils de François, seigneur dudit lieu,

---

[1] La maison, terre et seigneurie de Châtillon, située près de Couhé, en Poitou, consistait en baux, droits, domaines cens, rentes et autres revenus. (Inventaire des 22 mars 1525 et 10 avril 1526.)

et de Louise de La Mothe, qui était elle-même fille de Guillaume, écuyer, seigneur de Saint-Séverin, et de Catherine Poussard ; ils étaient défendeurs, le 26 novembre 1551, contre Jehan ou Jacques de Lille, écuyer. Ils testèrent le 23 novembre 1568, et laissèrent six enfants. (Voy. La Chesnaye des Bois, art. de Polignac.)

X°. — **PORTE** (Jehan de La), écuyer, seigneur de La Vallade, Florac, Fontguyon, Châtillon, etc., obtint des lettres du roi, le 9 novembre 1542, pour se faire payer certaines sommes, rentes et dîmes ; rendit hommage, les 18 juin 1541 et 2 juin 1543, tant pour lui que pour sa sœur Marguerite, des hôtels et fiefs de Florac et de La Vallade, paroisses d'Échallat et de Mérignac, en Angoumois, et de Châtillon et de Mirebazain, en Poitou ; passa un accord, le 2 août 1554, devant Carmignac et Chaboutant, notaires de la baronie de Ruffec, avec Loys Corgnol, écuyer, seigneur de Maigne, son beau-frère, au sujet de la seigneurie de Châtillon, et rendit hommage, le 19 juin 1560, au comte François de La Rochefoucauld, chevalier de l'ordre du roi, châtelain de Montignac, tant pour lui que pour les autres héritiers de feu Guillaume de La Porte, écuyer, seigneur de Fontguyon, son oncle.

Il était lieutenant du château et ville de Blaye-sur-Gironde, et fit montre comme tel et exempt des ban et arrière-ban, les 2 juillet 1553, 20 avril 1554, 23 avril et 20 mai 1555, 6 et 8 juillet 1557, 20 avril 1558 et 2 septembre 1560.

Il épousa Marguerite de Poulignac (Polignac)[1], dame de Fontguyon, fille de Gaspard, écuyer, seigneur des Roys et des terre et châtellenie de

---

[1] La famille de Marguerite de Polignac a eu pour berceau la terre de Poulignac, à deux lieues au sud-ouest de Blanzac, en Angoumois, et s'est appelée *de Poulignac,* jusqu'en 1587, dans tous ses actes. Depuis, elle a pris le nom de *Polignac* et changé les armes de son premier auteur connu, Achard de Poulignac, qui portait : *écartelé aux 1 et 4 d'un lion, aux 2 et 3 d'un filet en barre* (Quittance scellée dudit Achard, du 22 mai 1340), pour porter des *fasces,* par allusion à sa prétention de descendre des anciens vicomtes de Polignac, dont la souche tire son nom de l'ancien château de Polignac, situé dans le Velay, sur une grande et vaste roche qui était autrefois consacrée à Apollon. Dans les preuves de cour faites par cette famille, cette prétention a été rejetée. Une autre terre de Poulignac, aujourd'hui Pollignac, située à huit lieues de la précédente, à deux lieues à l'est de Montendre, a donné également son nom à une famille différente de celles dont nous venons de parler et éteinte depuis longtemps.

Les armes des Polignac de Velay sont : *fascé d'argent et de gueules de six pièces.*

Celles des Polignac d'Angoumois et de Saintonge sont : *écartelé aux 1 et 4 d'argent, à trois fasces de gueules, aux 2 et 3 de sable, au lion rampant d'or, lampassé de gueules, armé et couronné d'argent.* (*Dictionnaire de la Noblesse,* par La Chesnaye des Bois, 2° édit. in-4°, 1776 ; — *Archives de la Noblesse,* par Laisné, Nobil. de la Généralité de La Rochelle, t. xi, 1850.)

Saint-Germain de Lusignan, joignant celle de Jonzac, en Saintonge, gouverneur pour le roi des château et ville de Blaye, et de feue Gracienne ou Marie de Gassier, dame de Jaux, en Médoc, sa première femme. Le contrat fut passé à La Vallade, le 28 septembre 1535, en présence de Loys de Norriger, écuyer, seigneur de Moulidars; de Paul Desmier, écuyer, seigneur de La Tour-Blanche; de Jehan Desmier, écuyer, seigneur de Lerce.

De ce mariage sont issus :

1º **PIERRE**, qui suit;

2º **TRISTAN**;

3º **JACQUES**;

4º **JEHAN**, écuyer, seigneur de Vieilleville, de Saint-Amant-de-Nouère, en Angoumois, et de Beaucaire, confirmé dans sa noblesse, à Saint-Jean-d'Angély, le 6 février 1599, par MM. Debloys et Razin, commissaires du roi, épousa Louise DE POLIGNAC, sa cousine germaine, fille d'Élie, écuyer, seigneur des Fontaines, etc., et de Madeleine de La Porte;

5º **LOUIS**, écuyer, seigneur de Fontguyon[1], paroisse de Saint-Amant-de-Nouère, chevalier de l'ordre de Saint-Jean-de-Jérusalem, dit de Malte, en 1561, rendit en 1556 plusieurs aveux au roi, à cause de son duché d'Angoulême, et de sa baronie de Châteauneuf;

6º **ANTOINE**, dit le baron;

7º **JEHAN**, dit le Jeune, écuyer, seigneur du Pin, marié, par contrat du 11 juillet 1591, avec Léa BLANCHARD, qu'il laissa veuve avec une fille mineure nommée ANNE, qui se maria avec Élie de Morel, écuyer, seigneur de Puyrousseau, qui transigeait, le 7 septembre 1625, devant Bonnin et Duviau, notaires de la baronie de Couhé, avec Jehan de La Minay, écuyer, sieur de Felet, second mari de Léa Blanchard. Elle fut dotée de 3,000 livres par Isaac et Pierre de La Porte, ses cousins, qui en 1622 furent poursuivis pour acquitter le montant de cette somme, par les époux de La Minay;

8º **FRANÇOISE**, mariée par contrat du 3 mars 1558, passé devant Mesnard, notaire royal à Angoulême, avec Nicolas RAIMOND, écuyer, seigneur du Breuil, de Chadurie, et co-seigneur du Breuil de Dignac-en-Mirande;

9º **MARGUERITE**, mariée, par contrat du 4 mars 1566, avec Antoine REGNAUD, écuyer, seigneur de Saix ou Sée (aujourd'hui Scée, commune de Vars), en Angoumois, qu'elle laissa veuf, avec un fils nommé ABEL.

---

[1] Le vaste château de Fontguyon, dont les dépendances s'étendaient autrefois sur les paroisses de Saint-Amant-de-Nouère et de Douzac, avec de beaux jardins, des prés considérables, etc., fut bâti par Louis de La Porte et ses frères. On voit encore leur écusson à la clef de la voûte de la chapelle. C'était autrefois une villa gallo-romaine; au nord du château, dans la prairie, près d'une fontaine, on a trouvé des vestiges de bains antiques, des fragments de pavé en béton et beaucoup de débris de tuiles à rebords. La famille Gandillaud l'a possédé à la suite des seigneurs de La Porte.

Jehan de La Porte et Marguerite de Polignac firent leur testament, le 28 décembre 1571, à La Vallade, donnèrent les deux tiers de leurs biens à Pierre, leur fils aîné, et l'autre tiers à leurs enfants puînés, déclarèrent vouloir être enterrés dans le tombeau de leurs ancêtres, dans le temple d'Échallat, et nommèrent pour exécuteurs testamentaires Louis de La Porte, écuyer, seigneur de Florac, leur cousin, et Louis de La Porte, chevalier de Malte. Ce testament fut modifié, le 8 décembre 1583, par Jean, après le décès de sa femme; à cette époque, leurs enfants, Tristan, Jacques et Marguerite, étaient décédés, et il ne restait plus que Jehan l'aîné, dit Vieilleville; Antoine, dit le baron Laussuppe; Jehan le jeune, dit le marquis.

Jehan fut maintenu dans sa noblesse par sentence rendue à Poitiers, le 20 novembre 1584, sur la vérification de ses titres, par Claude Mallon, conseiller du roi au Parlement de Paris.

XIᵉ. — **PORTE** (Pierre de La), écuyer, seigneur de Châtillon et de La Vallade, fut gentilhomme de la chambre du roi Henri IV. Il épousa, par contrat du 28 juillet 1570, passé devant Couvidon, notaire en Angoumois, Jacquette de Livenne [1], dame de Saint-Genis, Vouzant, La Bergerie, etc.,

---

1 Comme on le verra dans le cours de cet article, les familles de La Porte et de Livenne ont contracté de nombreuses alliances. La famille de Livenne est fort ancienne et possédait la noblesse antérieurement aux charges d'échevinage et de conseillers dont plusieurs de ses membres ont été revêtus dans la ville d'Angoulême, notamment en 1570, 1574, etc. Elle a fourni une multitude de branches, entr'autres celle qui possédait le fief de Bouex depuis fort longtemps; celle de Saint-Genis, en Angoumois; celle du Breuil, paroisse de Brédon, au ressort de Saint-Jean-d'Angély; celle de La Chapelle, en Poitou, qui a fini dans la personne de François, vers le milieu du XVIIIᵉ siècle, lequel n'a laissé qu'une fille : Marie, mariée à Charles-Antoine de Barbezières, chevalier, seigneur de La Talonnière, La Chapelle-Marcillac, etc., officier au régiment de Pons, fils de Charles, chevalier, seigneur de La Talonnière et de La Fenêtre, et de Marie-Jeanne Chasteigner de Rouvre. Le contrat fut passé à Angoulême devant Bernard et Rouvelle, notaires, le 23 avril 1735. Il vint de cette union beaucoup d'enfants.

Elle a fourni plusieurs chevaliers de Malte, dont Paul de Livenne, dit Vouzan, qui l'était en 1524; Beaud de Livenne, qui jouissait de la commanderie de Vouthon, dès l'an 1529; François de Livenne de Verdilles, reçu au prieuré d'Aquitaine, le 26 août 1633, était commandeur de Sainte-Catherine de Nantes, en 1675; Jean-Louis et Jean-Charles-César-Joseph de Livenne de Bàlan, frères germains, nés, le premier le 12 juillet 1763, le second le 21 mai 1768, reçus de minorité, sur preuves de filiation et de noblesse produites par leur père Charles de Livenne, baron de Bàlan, seigneur des Rivières, du Châtelard, des Brousses, de Cuigé, etc., et acceptées comme suffisantes par le chapitre provincial du grand-prieuré d'Aquitaine assemblé à Poitiers, le 14 juin 1786.

Elle a produit Jean de Livenne, abbé commandataire de l'abbaye de Saint-Séverin-sur-Boutonne; Charles et François, abbés de Saint-Cybard d'Angoulême, et Jacques, abbé de Fontdouce, près Cognac. L'inven-

en Angoumois, de Dampierre-sur-Charente et du Puy-du-Mont, en Saintonge, fille de Pierre, chef de nom et armes de la famille, et de Marie
de Livenne, seigneur et dame desdits lieux ; elle était sa veuve le 1ᵉʳ juillet
1591, époque à laquelle elle passait une transaction devant Maillocheau,
notaire royal, avec Jehan de La Porte, écuyer, seigneur de Vieilleville, et
autre Jehan de La Porte, écuyer, seigneur du Pin, ses beaux-frères ; elle fut
confirmée dans sa noblesse, le 6 février 1599, par MM. les commissaires
du roi.

De ce mariage sont issus :

    1° **JEHAN,** écuyer, seigneur de La Vallade, marié avec N., et décédé laissant
        une fille mineure lors du partage du 1ᵉʳ septembre 1607, précité ;
    2° **ISAAC,** qui suit ;

---

taire du trésor de l'abbaye de Saint-Cybard reproduit, folio 133, la lettre citée en entier au IVᵉ volume des
copies et extraits de ladite abbaye, titre XVI, folio 446, écrite par le roi Louis XII, et dont suit la teneur :

« *A nos chers et bien amés les Religieux, Prieur et Couvent du Monastère et Abbaye de Sainct-Cybard*
    « *lez Angoulesme.*

      « De par le Roy,

  « Chers et bien amés, nous avons esté advertis que, vaccant votre monastere et abbaye de Saint-Cybard
« lez Angoulesme, avez canoniquement, et les deux parts d'entre vous, esleu en votre futur abbé et
« pasteur frere Charles de Lyvenne, chamberier et religieux de lad. abbaye, dont vous saurons bon gré
« et pour ce que avons seu que led. de Lyvenne est prochain parent d'aucuns de nos principaux serviteurs
« de nostre hostel, ainsi qu'il est homme de bien, souffisant, et y doive pour bien regir et conduire les
« faits et affaires de lad. abbaye, nous escrivons en sa faveur à notre amé et feal conseiller, l'evesque
« d'Angoulesme, qu'il veuille conserver lad. eslection, auquel le droit de confirmation lui appartient et
« avec ce, pour vous garder de force et oppression, en escrivons de rechief aux maire, bourgeois et
« eschevins de la ville d'Angoulesme, ausquels se melier est vous en pourez adresser. Si vous prions que
« veuillez continuer à soustenir lad. eslection et icelle poursuir jusqu'à fin due au prouffit dud. de Lyvenne,
« par ce moyen soit et demeure votre abbé et pasteur, comme bien fort le desirons, et en ce faisant vous
« ferez plaisir et service très agréable.
  « Donné à Blois, le treiziesme jour de décembre.

                    « *Signé :* Louis.

          « Et plus bas : Herouet. »

La famille de Livenne portait : *d'argent à la fasce de sable frettée d'or de six pièces, accompagnée de
trois étoiles de sable, 2 en chef, 1 en pointe.*

3° **PIERRE,** écuyer, seigneur de Saint-Genis et de La Vallade, marié avec Charlotte DE CURZAY, dont : — 1° JEAN, écuyer, seigneur de Linières, paroisse de Rouillac, marié, par contrat du 16 septembre 1636, avec Julie DE BECHET, dont il eut : JACQUES, écuyer, seigneur de Châtillon ; CHARLOTTE, épouse de Georges du Theil, écuyer, seigneur de La Garde ; ANNE, mariée à Gédéon Bernard, écuyer, seigneur de Javerzat ; — 2° JACQUES, écuyer, seigneur d'Ancé, pour lequel on créa un curateur aux biens de ses père et mère, le 13 juillet 1643, marié, par contrat du 30 novembre 1655, passé devant Lombard, notaire royal en Périgord, avec Françoise EYRIAUD, fille de feu Joseph, écuyer, seigneur de Lostange, qui avait pour frère Léonard, demeurant à Barziez, paroisse de Champeau, en Périgord. Jacques de La Porte demeurait alors à La Fenêtre, paroisse de Pérignac, en Angoumois.

Isaac et Pierre étaient mineurs et sous l'autorité de Jehan de Saint-Gemme, écuyer, seigneur du Puy, lors du partage qui fut fait à l'hôtel noble de Saint-Genis, devant Giraud, notaire à Montignac, le 20 novembre 1602, de la succession de leur grand-père paternel ; la seigneurie de La Vallade leur demeura exclusivement et ils la vendirent ensuite, par actes des 20 et 22 novembre 1602, reçus Gibault, notaire royal à Angoulême, à Antoine Gandillaud, président au siége présidial d'Angoulême.

Il fut procédé à Couhé, le 1er septembre 1607, au partage de la seigneurie de Châtillon, par suite du décès de Jehan de La Porte, écuyer, leur grand-père, et d'Étienne (ce doit être plutôt Pierre) de La Porte, écuyer, leur frère, par acte reçu Delabarde, notaire.

4° **MADELEINE,** mariée avec Bonaventure RENOUARD, écuyer, seigneur de Rochebertier, paroisse de Villoneuf (Vilhonneur), près Montbron, en Angoumois ; elle était séparée de biens avec lui, le 1er septembre 1607, lors du partage avec Isaac de La Porte, son frère, mandataire en même temps de Jacquette de Livenne, leur mère, douairière de Châtillon.

XIIᵉ. — **PORTE** (ISAAC DE LA), écuyer, seigneur de Châtillon, Saint-Genis, La Vallade, épousa :

1° Louise DE PONS [1], fille de haut et puissant messire Jacques, chevalier,

---

[1] Plusieurs auteurs prétendent à tort que toutes les branches cadettes de cette maison se sont successivement éteintes ; M. Borel d'Hauterive dit qu'elle ne se trouvait plus représentée, à la fin du XVIIIᵉ siècle, que par Pons de Pons, marquis de La Caze, qui, de son mariage avec Charlotte de Rohan-Montbazon, laissa un fils, Charles-Armand-Augustin, vicomte de Pons, qui épousa, le 14 février 1776, Pulchérie de Lannion, issue des sires et comtes de Lannion, en Bretagne, et fut père de la marquise de Tourzel.

Il existe encore à Montrollet et à Benest, arrondissement de Confolens (Charente), des descendants de cette famille illustre ; ils possèdent des titres qui établissent le fait d'une manière incontestable.

La sirerie de Pons, en Saintonge, ne relevait que du roi et embrassait cinquante-deux paroisses et deux cent cinquante fiefs nobles. De là cet adage populaire dans le pays : *Si roi de France ne suis, sire de Pons je voudrais être.*

Le sire de Pons, lorsqu'il rendait hommage au monarque, s'armait de toutes pièces, baissait la visière

gentilhomme ordinaire de la chambre du roi, seigneur et baron de Mirambeau, seigneur de Courpignac en partie, de Brouage, Montelin et Pigneul, etc., issu des sires de Pons et l'un des frères d'armes de Henri IV, lorsqu'il était prince de Béarn et chef des protestants à La Rochelle, et de feu Marie de La Porte, dame de Champniers et du Chambon. Le contrat fut passé le 22 juin 1603, au château de Mirambeau, devant Deschamps, notaire royal en Saintonge, en présence de Jean de La Porte, écuyer, seigneur de Vieilleville et de Beaucaire, oncle du futur; Jean de La Porte, écuyer, seigneur de La Vallade, son frère; haut et puissant messire Nicolas de Bonnefoy, seigneur de Bretauville, chevalier, gentilhomme ordinaire de la chambre du roi et gouverneur de la ville de Pons; haut et puissant Arnaud de Piedmont, seigneur de Colombier et de Neufvy, gouverneur de la ville et château d'Angoulême; haut et puissant Claude de Rouzières, seigneur de Cheronac et de Congonzac; Jean de La Garde, écuyer, seigneur de Nanteuil et des Deffends; Jean de Bonnefoy, écuyer, seigneur de La Gorce et de Maumont; Abel Regnaud, écuyer, sieur de Saix ou Sée (paroisse de Vars), Servolles et Fonciron; haut et puissant Benjamin de Ranconnet, seigneur des Coires, de Poullignac et du Repaire; Jean de Mergey, écuyer, seigneur de Beaulieu et des Chastelards; Jean de Saint-Genis, écuyer, sieur du Puy et de La Brunate; et Pierre de La Porte, écuyer, sieur de La Resillière,

---

de son casque et abordait le roi en lui disant: « Sire, je viens à vous pour vous faire hommage de ma « terre de Pons et vous prier de me maintenir en la jouissance de mes priviléges. »

Les armoiries sont: *d'argent, à la fasce coticée (ou bandée) d'or et de gueules de six pièces.* Les bandes d'or représentent trois ponts, celles de gueules les eaux de la rivière de Charente teintes du sang des ennemis; c'est du moins ce que semblent indiquer les vers de Desmarets de Saint-Sorlin, en son poëme de *Clovis :*

> Puis vient le brave PONS, qui, d'un bras sans repos,
> Sur trois ponts de Charente, arresta tous les Goths;
> Renviant pour sa gloire et celle de sa race
> L'exploit si renommé du valeureux Horace:
> Et maintenant soumis, il conduit sous leurs lois
> Les forces de Saintonge et celles d'Angoumois.
> Il porte le beau nom de ce fait mémorable,
> Pour en rendre à jamais le souvenir durable:
> Et comme un fier vainqueur, encore que vaincu,
> Il ose de trois *ponts* enrichir son écu.

La généalogie de cette illustre maison se trouve dans l'*Histoire généalogique et héraldique des Pairs de France,* par M. de Courcelles; dans le *Grand Dictionnaire historique,* de Moréri (1759); dans le *Dictionnaire généalogique,* de La Chesnaye des Bois, etc.

tous parents du futur : et du côté de la future, de son père ; haute et puissante dame Madeleine de Cruc, douairière de Rioux, Courpignac, etc., son aïeule maternelle ; haut et puissant messire Jacques de Beaumont, gentilhomme ordinaire de la chambre du roi, seigneur de Rioux et de Beaumont, en partie, etc., ses oncles par alliance ; haut et puissant messire Louis Poussard, baron du Vigean, son cousin germain ; haute et puissante dame Jeanne d'Aubeterre, dame de Mirambeau ; Louise de Pons, dame d'Usson ; Esther de Pons, dame de Fors et du Vigean ; Jeanne de La Porte, dame de Rioux, ses tantes ; Claude Marain, écuyer, seigneur de La Vigerie, de Coussac ; et autres, ses parents et amis.

De ce mariage sont issus :

1° **JACQUES,** qui suit ;

2° **N.,** capitaine d'une compagnie à pied, désignée sous le nom de *Saint-Genis* dans le sauf-conduit qui lui fut délivré à Cognac pour se rendre avec sa troupe de Pons à Saint-Genis ;

3° **MARIE-MADELEINE,** mariée, par contrat du 27 février 1630, passé devant Joyeulx, notaire royal, avec Jehan de Morel, écuyer, seigneur de Thiac, du Vigier de Salles et de Nanteuil, fils de feu Raimond, écuyer, seigneur desdits lieux, et de Jacquette Raimond ;

4° **LOUISE,** dite majeure de 25 ans, le 19 janvier 1635, dans un accord passé à Beaumont, devant Gouaud, notaire, entr'elle et Jacques et Madeleine, ses frère et sœur, avec messire Henri du Lau, seigneur de Cellettes, etc., au sujet du partage qui avait été fait en la Cour et Parlement de Bordeaux, le 2 janvier 1610, après le décès de Jacques de Pons et de Marie de La Porte, seigneur et dame de Mirambeau, leur aïeul et aïeule. Elle épousa haut et puissant Daniel DE SAULIÈRES, seigneur de Nanteuil, en Périgord, qu'elle laissa veuf, avant le 14 mars 1637, avec des enfants dont l'aîné s'appelait ISAAC.

Isaac de La Porte vendit, le 22 juin 1646, à Antoine Gandillaud, écuyer, sieur de Fontfroide et de Fontguyon, conseiller du roi, président au présidial d'Angoulême, par acte reçu P. Gibauld, notaire royal, la terre et seigneurie de La Vallade, consistant en maisons, bâtiments, jardins, garenne, fuie, terres, prés, vignes, domaines nobles et roturiers, métairies de La Vallade et de L'Habit, agriers, cens, rentes, dîmes inféodés, moulin, droits et devoirs seigneuriaux et honorifiques ès-églises de Douzac et d'Eschallat.

Isaac de La Porte épousa en secondes noces Jacquette RAIMOND, veuve de Raimond de Morel, écuyer, seigneur de Thiac et du Vigier de Salles ; il n'en eut point d'enfants ; elle procédait, le 18 avril 1629, avec la procuration de son mari du 20 juin 1628, passée devant Joyeulx, notaire royal.

Il avait perdu sa première femme avant 1632, car le 21 janvier de cette année, il figure dans un acte passé devant Joyeulx, notaire royal héréditaire, comme administrateur de Louise, sa fille mineure, pour constituer son procureur (en même temps que Jacques de La Porte, écuyer, seigneur de Mirambeau, Beaumont, Champniers en partie, etc.), messire Jean de Morel, écuyer, seigneur de Thiac, du Vigier de Salles et de Nanteuil en partie, afin qu'il reçût des receveurs de Sa Majesté la rente qui lui était due, résultant de la vente de Brouage, et qui lui avait été adjugée par sentence arbitrale du 2 janvier 1610 et par le partage des droits de la succession de feu Jeanne de Pons, leur tante; il demeurait alors au repaire noble de La Bergerie, près Vouzant.

XIII°. — **PORTE** (Jacques de La), écuyer, seigneur de Saint-Genis en partie, de Mirambeau[1] et de Courpignac, servit dans les armées du roi Louis XIII et reçut de ce monarque, le 6 novembre 1635, une commission pour lever une compagnie de cent hommes de guerre dans le régiment de Saintonge.

Il épousa, le 6 mai 1613, Catherine DE MOREL[2], dame de Chadurie, fille aînée de Raimond, écuyer, seigneur de Thiac et de Nanteuil, en Périgord, et du Vigier de Salles, et de Jacquette Raimond, relite dudit feu seigneur de Thiac, et qui était pour lors femme du seigneur de Châtillon depuis le 6 mai 1613; elle avait pour frère aîné Jean de Morel, écuyer, seigneur de Thiac et du Vigier de Salles, âgé de 25 ans, demeurant au logis noble de Salles, baronie de Villebois (aujourd'hui La Valette), où fut passé le contrat devant Joyeulx, notaire royal, en présence d'Isaac de Morel, écuyer, sieur de Loches, et de Pierre de Morel, écuyer, sieur de Saint-Martin, aussi ses frères puinés; de Jean de Morel, écuyer, sieur de La Chabaudie, et d'Élie de Morel, écuyer, sieur de Puyrousseau, ses cousins germains; de François de La Place, écuyer, sieur de La Prade; et d'autres, ses parents et amis.

Il passa, le 22 novembre 1631, devant Jolly, notaire royal à Angoulême, un accord à propos de la succession de feu Madeleine de Cruc, dame de Rioux et de Beaumont, dont Louise de Pons, sa mère, qu'il représentait, était légataire, avec haut et puissant Henri du Lau, écuyer, seigneur de Chambon, Champniers et Cellettes, époux d'Henriette de Pons, fille de Jacques II,

---

[1] Le château de Mirambeau domine la petite ville qui porte ce nom, en Saintonge, et est actuellement la propriété de M. le comte Duchâtel, qui l'a fait reconstruire.

[2] Les armoiries de la famille de Morel sont : *écartelé aux 1 et 4 d'or à trois fleurs de lys d'azur, aux 2 et 3 d'argent à l'aigle de sable.*

baron de Mirambeau, et de Marie de La Porte de Champniers, sortie d'une Beaupoil de Saint-Aulaire ; et haut et puissant Gédéon de Pressac de Lioncel, baron de Lisle, en Périgord, et de La Chièze, époux de Marie de Pons. Au moyen de cet arrangement, il demeura possesseur de la totalité de la terre et seigneurie de Beaumont[1].

De son mariage vinrent :

1° **HENRI**, qui suit ;

2° **ARMAND**, dont la filiation sera rapportée au § V ;

3° **MADELEINE**, mariée, par contrat du 28 décembre 1653, avec Charles DE LIVENNE, écuyer, seigneur de Grosbost, paroisse de Saint-Genis, fils de Pierre, écuyer, et de Renée de Montlieu ;

4° **JACQUETTE**, mariée, par contrat du 3 juin 1653, passé à Saint-Genis, devant Couvidat, notaire royal, avec Jehan PRÉVOST, chevalier, seigneur de Moulins et Genac, fils aîné de Règne, chevalier, seigneur de Moulins, et feu Madeleine de La Porte ;

5° **LOUISE**, mariée avec Pierre FAMÉE, plutôt FUMÉE ou FUMEL, écuyer, dont une fille, nommée Marie, morte célibataire, en 1678, après le décès de sa mère.

Henri, Armand et Louise étaient mineurs lors de l'inventaire qui fut fait le 21 juillet 1654, à la requête de leur mère, après le décès de leur père, arrivé au château de Saint-Genis le 18 juin précédent, et passèrent ensemble une transaction avec leur mère pour régler leurs droits de succession, dont ils firent le partage le 26 mars 1656.

Jacques avait commandé une compagnie de cavalerie dans les troupes du prince de Condé, chef de la Fronde, sous la minorité de Louis XIV ; mais il déclara, le 21 mars 1652, devant le procureur du roi à Saintes, vouloir profiter du bénéfice de l'édit de Nantes, promettant de ne plus prendre parti ni porter les armes contre Sa Majesté.

Sa veuve partagea, le 27 mars 1656, à Beaumont, avec Henri, son fils aîné, auquel demeura la seigneurie dudit Beaumont avec ses anciennes préclôtures, ainsi qu'elles avaient été déterminées devant Cellier, notaire

---

[1] La famille de Beaumont, actuellement éteinte en Saintonge, était une branche principale originaire de Navarre. Des lettres patentes du 15 septembre 1648, accordées par Louis XIV à Edme Carré, sieur des Ombres, lui octroyaient la noblesse à lui et à sa postérité, en considération de la recommandation du sieur de Beaumont, qui est qualifié de colonel d'un régiment de cavalerie au pays de Saintonge, issu de grande et noble famille, et de qui les prédécesseurs ont mérité et obtenu des rois de France des premières charges de l'État, par les grands et notables services qu'ils ont rendus à la Couronne, tant en dehors qu'en dedans du royaume.

Elle portait : *d'argent, au lion de gueules.* Les seigneurs du Châtenet, de Jauvelle, etc., maintenus le 30 mars 1700, portaient : *d'argent, au lion de gueules, armé, lampassé et couronné d'or, ayant la queue fourchée et passée en sautoir, à la bordure d'azur. (Nob. de la Généralité de La Rochelle.)*

royal, par la transaction faite en 1616 par feu Madeleine de Pons, dame de Mirambeau, et ses cohéritiers, en la succession de feu dame Madeleine de Cruc. Elle mourut à La Vigerie, paroisse de Cravant, le 7 juillet 1662; le 26 du même mois, il fut procédé à l'inventaire de sa succession par le juge de la terre, seigneurie et juridiction de Saint-Genis.

XIV°. — **PORTE** (HENRI DE LA), écuyer, seigneur de Beaumont, Cravant et Saint-Genis, avait obtenu, dès le 13 février 1658, un jugement du siége présidial de Saintes pour amener ses frères et sœurs au partage des biens délaissés par Jacques de La Porte, écuyer, seigneur de Mirambeau, leur père. Ayant été assigné à Limoges, ainsi que son frère et Jean de La Porte, écuyer, sieur de Linières, pour avoir à produire ses titres de généalogie et noblesse, à la requête de M. Daguesseau, commis par le roi à la recherche des usurpateurs du titre de nobles et exempts des tailles dans la généralité de Limoges et les élections de Saintes et de Cognac, il fut confirmé dans les prérogatives dont il avait joui jusqu'alors, après avoir produit *surabondamment*, est-il dit dans l'acte, les justifications demandées, par des titres qui faisaient remonter sa filiation à l'an 1344 [1].

Il épousa en premières noces, en 1653, Henriette DE MOREL, sa cousine germaine, qui professait comme lui la religion prétendue réformée, fille de Jean, écuyer, seigneur du Vigier de Salles, en Angoumois, et de Thiac, en Périgord, et de Madeleine de La Porte. Le contrat ne fut passé que le 7 novembre 1655, à Salles, duché de La Valette, devant Périer, notaire

---

[1] Dans tous les temps, il y a eu des usurpateurs de noblesse. Autrefois, il est vrai, ces usurpations étaient moins nombreuses que de nos jours, en raison des peines qu'encouraient les contrevenants, et elles étaient souvent guidées par un intérêt matériel qui n'existe plus, puisque la noblesse entraînait l'exemption des tailles et corvées. Les rois, pour réprimer ces abus, en firent rechercher les coupables et rendirent des ordonnances pour contraindre tout individu se disant noble à justifier ses prétentions. Cette mesure commença dès le XIV° siècle et fut continuée les XV°, XVI° et XVII°; mais elle devint surtout rigoureuse dans son application à dater de 1666, à l'instigation du grand Colbert; suspendue en 1674, à cause des guerres, et reprise en 1696, elle n'a cessé qu'en 1727. On appelait *Maintenue* le jugement rendu par le commissaire départi par le roi en faveur des gentilshommes qui avaient suffisamment prouvé leurs titres et qualité de nobles et d'écuyers et qui les déchargeait des poursuites dirigées contre eux; une expédition leur en était délivrée et faisait foi en justice, et le jugement devait être remis en original au généalogiste des ordres, chargé de dresser le catalogue général de la noblesse du royaume. Lorsque la justification ne pouvait être produite, une amende considérable était prononcée contre le faux noble, avec défense de prendre à l'avenir les qualifications de *messire, écuyer, chevalier*, etc. L'ordonnance d'Orléans, art. 110, portait que les usurpateurs d'armoiries timbrées seraient punis comme faussaires; celle de Blois, art. 257, confirma cette première. On voit bien aujourd'hui que les peines et amendes sont abolies !!!

royal; Isaac de La Porte, seigneur de Châtillon, etc., demeurant au château de Saint-Genis, grand-père du futur, y était représenté par Jean de La Porte, chevalier, seigneur de Linières, demeurant au logis noble du Breuil, paroisse de Rouillac, et Pierre de Morel, écuyer, seigneur de Lamaud et de Saint-Martin, paroisse de Salles, demeurant au logis des Chauvins, représentait le père de la future. De plus, étaient témoins : Jacques de La Porte, chevalier, seigneur de La Fenêtre; Charles de Livenne, chevalier, seigneur de Grosbost; Jean de Barbezières, seigneur de Boisauroux, beaux-frères et cousins au second degré du futur; René de Morel, écuyer, seigneur de La Chabaudie; Isaac, Jacques et Jean de Morel, frères de la future; Charles de Galard de Béarn, chevalier, seigneur de Mirande; Louis Audier, écuyer, seigneur de Fontguyon, ses parents et alliés paternels.

De ce mariage sont nés :

1° **LOUIS**, qui suit ;

2° **ARMAND**, qui formera la branche des seigneurs de Sérignac, d'Estrades, etc., rapportée § III ;

3° **JACQUES**, écuyer, seigneur de Chabanais et des Moulins, paroisse de Genac, épousa : 1° par contrat du 25 mai 1693, passé au lieu noble de Limérac, paroisse de Salles, devant Boucheron, notaire royal, en présence d'Armand de La Porte, écuyer, seigneur de Linières, son frère, Anne DE MOREL, fille de feu Isaac, écuyer, seigneur de Thiac, etc., et de Marie Audier; — 2° Madeleine PRÉVOST, fille de Jacques, écuyer, sieur des Moulins, et de Louise de Morel, dite, dans un acte passé devant Debresme, notaire royal, le 1er mai 1717, petite-fille et seule héritière de Jacquette de La Porte, qui avait été mariée à Jean Prévost.

Jacques figure comme témoin au contrat de mariage de Jean de Livenne, son cousin au troisième degré des côtés paternel et maternel, fils de René, chevalier, seigneur de La Motte et de Saint-Genis, et de Marie-Anne de Livenne, avec Françoise-Julie Horric, fille de Philippe, chevalier, seigneur de La Courade, et de feu Jeanne Vinet, le 27 juillet 1704. André de La Porte, qualifié seigneur dudit nom, y assiste aussi comme beau-frère de la future. (*Archiv. départem. de la Charente*, voy. de Livenne.)

4° **MADELEINE**, mariée avec Rabaine GOUAUD DE CUMONT, écuyer, seigneur de Chemeneuil et Boisgouaud, fils de Timothée, écuyer, seigneur du Taillant, et de Marie de Rabaine, demeurant à Soubise, décéda sans enfants et *ab intestat*. Le 11 octobre 1683, son mari, demeurant alors au logis noble de Salles, près Cognac, fit remise de ses effets mobiliers à son père.

Henri de La Porte se maria en secondes noces avec Marie PHELIPPEAU, professant aussi elle le protestantisme, fille de Laurent et de Marie Regnaud, demeurant à Barbezieux, par contrat du 27 juin 1667, passé devant Moreau, notaire royal. Elle fit faire, le 4 juillet 1667, un inventaire où figurent deux contrats desquels il résulte qu'elle avait été déjà mariée deux fois : 1° avec

Jean Savary, par contrat du 26 septembre 1639 ; 2° avec Paul Drouet, sieur de Saint-Martin, par contrat du 22 mai 1655.

XV°. — **PORTE** (Louis de La), écuyer, seigneur de Cravant, épousa Marie Regnaud, fille de Pierre, écuyer, et de Françoise Savary. Le contrat fut passé à Beaumont, le 8 mars 1678, devant Cesteau, notaire royal, en présence, du côté du futur : de ses frères et sœur ; de Marie Phelippeau, seconde femme de son père ; d'Armand de La Porte, écuyer, seigneur de Saint-Genis, son oncle paternel ; de Jean de Morel, chevalier, seigneur de Chenevière, Chamberlan et Bazas, son oncle maternel ; de Louis Saunier, chevalier, seigneur du Petit-Mas, et de Charles de Pressac de Lioncel, ses cousins ; et du côté de la future, outre ladite dame de Beaumont, sa tante : de Paul Drouet, gentilhomme ordinaire dans la vénerie du roi, son oncle à la mode de Bretagne, etc.

Il produisit en 1699 ses titres de noblesse, après assignation, devant M. Charles de La Cour de Beauval, chargé par le roi de la recherche des usurpateurs de noblesse.

Il eut de son mariage :

1° **ARMAND**, qui suit ;

2° **JACQUES**, lieutenant au régiment d'infanterie de Chamilly, par brevet du 3 février 1706 ;

3° **MARIE**, mariée, par contrat du 26 juin 1696, à Jacques de Saint-Martin, écuyer, fils d'Alexandre, chevalier, seigneur des Granges et de Paizay-le-Chat, et de Françoise de Montalembert de Vaux, demeurant paroisse d'Aumagne.

XVI°. — **PORTE** (Armand de La), chevalier, seigneur de Saint-Genis, Beaumont, Cravant, etc., épousa en 1710 Marthe Drouet, fille de Paul, écuyer, et de Marie Drilhon, demeurant à Barbezieux ; le contrat fut passé le 25 septembre 1709, devant Gardrat, notaire royal, en Saintonge. Elle resta sa veuve et passait, le 7 avril 1759, ainsi que François-André de La Porte, ancien capitaine de cavalerie, un échange à Cravant avec Jean Thirion, notaire royal et juge de la terre de Beaumont.

De ce mariage sont issus :

1° **PAUL**, décédé le 7 avril 1750, à Saintes, laissant pour héritières sa sœur et sa mère, ainsi qu'il résulte de la déclaration qu'elles firent le 4 octobre suivant ;

2° **ANDRÉ-ARMAND**, capitaine de cavalerie, obtint, le 6 novembre 1755, confirmation par le roi de la donation qui lui avait été faite le 16 février précédent et ratifiée le 16 avril, par sa mère, qui était de la religion protestante.

Le terrain sur lequel fut construit le nouveau temple de Gemozac, en 1774, fut donné par lui. L'ancien temple avait été démoli à force armée, le 15 juin 1768, par ordre du maréchal de Senneterre, gouverneur de La Rochelle.

3° **MARTHE**, mariée, par contrat sous seing privé du 12 septembre 1751, avec Armand DE LA PORTE, chevalier, capitaine de cavalerie au régiment d'Archiac, fils d'Armand, écuyer, et de Marie de Queux de Saint-Hilaire.

Marthe Drouet testa à Saintes le 3 juin 1760 ; dans son testament est mentionnée Anne-Marie du Breuil de Théon, fille aînée de Jean, son gendre, ce qui prouve qu'outre les trois enfants sus-nommés, elle avait eu au moins une autre fille.

Armand de La Porte fut promu au grade de capitaine d'infanterie le 3 février 1706, et reçut en même temps l'ordre de lever sa compagnie en Saintonge et de la conduire à La Rochelle. A cette occasion, il reçut de M. de Chamilly, maréchal de France et colonel dudit régiment, une missive ainsi conçue :

Sur le bien que j'ai ouï dire de vous, Monsieur, et le compte que m'a rendu M. de Vervain de votre condition et de votre conduite, fait que je vous ai préféré à bien des gentilshommes, pour vous donner une compagnie dans le régiment que le roi m'a fait l'honneur de m'accorder de lever dans les provinces de mon commandement, pour y servir sous mes ordres à la garde de La Rochelle ; vous pouvez travailler dès à présent avec toute la diligence possible à faire des hommes : l'on vous enverra votre commission du bureau incessamment.... Envoyez un mémoire à M. de Mornac, mon lieutenant-colonel à La Rochelle, du lieu où vous voulez votre quartier d'assemblée....

Je suis, Monsieur, tout à vous.

DE CHAMILLY.

§ III.

PORTE (DE LA). BRANCHE DES SEIGNEURS DE SÉRIGNAC, D'ESTRADES, ETC.

XV°. — **PORTE** (ARMAND DE LA), écuyer, seigneur de Sérignac, second fils d'Henri, écuyer, seigneur de Beaumont, Cravant, etc., et d'Henriette de Morel, rapportés XIV° degré du § II, épousa, par contrat passé au château de Saint-Genis, le 9 février 1692, devant Couvidat, notaire royal, Louise DE MONTALEMBERT, fille de feu Louis, écuyer, seigneur des Garaines, et de Marie de Goret, demeurant à Bousseaux, paroisse de Char..., en Poitou.

Malgré nos recherches, nous n'avons pu arriver à connaître la descendance de cette union. Cependant la supputation des dates et la certitude que ce fut par suite d'un mariage avec une demoiselle de Montalembert que la terre d'Estrades passa à cette branche de la famille de La Porte, nous autorisent à penser que JACQUES ou JACOB, qui suit, est fils d'Armand et de Louise de Montalembert.

XVIe. — **PORTE** (JACQUES ou JACOB DE LA), écuyer, épousa Jeanne DE MONTALEMBERT [1], fille de René et de Louise Geoffroy du Breuil ; Jeanne de Montalembert avait une sœur, Marie, qui épousa Jean de Montalembert, son parent, dont la descendance s'est perpétuée au fief des Vergnes, près de Montembœuf, et y existe encore de nos jours.

Nous ne connaissons qu'un fils issu de ce mariage :

JACQUES, qui suit.

XVIIe. — **PORTE** (JACQUES DE LA), écuyer, seigneur d'Estrades, épousa Marie DE GORET [2]. (Reg. de Prailles, près Melle.)

---

[1] La maison de Montalembert, l'une des plus illustres et des mieux alliées des provinces de l'Ouest, a pris son nom d'un ancien château et paroisse sur les confins de l'Angoumois et du Poitou, à deux lieues de Civray. Son existence est constatée depuis l'an 1050 ; elle a produit plusieurs personnages célèbres, et elle est encore de nos jours dignement représentée par M. le comte Charles de Montalembert, ancien pair de France, ancien représentant du peuple et membre de l'Académie française, qui s'est honorée, depuis quelques années surtout, en ouvrant son sein à toutes nos gloires.

On a cité bien des fois ces paroles du roi chevalier : *Nous sommes quatre gentilshommes de la Guyenne qui combattons en lice et courons la bague contre tous allans et venans de la France : Moy, Sansac, d'Essé, La Châtaigneraye. (Vie des Hommes illustres,* par Brantôme.) Or, le seigneur d'Essé était André de Montalembert, qui avait commencé à servir sous Charles VIII et qui mourut la pique à la main et couvert de gloire au siége de Térouane (20 juin 1553), étant pour lors chevalier des ordres du roi et lieutenant-général de ses armées.

Les armes de la famille sont : *d'argent, à la croix ancrée de sable.*

[2] Nous croyons la famille de Goret éteinte ; il y a quelques années, elle n'était plus représentée que par M. le chevalier de Goret des Fourniers, commune de Messeux, et par Marie-Anne-Henriette de Goret de Juyers, commune de Champagne-Mouton, veuve de Charles-Louis de Saint-Gareau de Trallebault. M. Barentin, intendant de Poitiers, maintint dans leur noblesse, en 1667, les personnages dont les noms suivent : le 2 décembre, Louis de Goret, écuyer, sieur de La Brousse ; Jacques de Goret, écuyer, sieur de Puissecq ; Joseph de Goret, écuyer, sieur de Puissecq ; le 10 dudit mois, Charles de Goret, écuyer, sieur de Juyers ; François de Goret, écuyer, sieur du Coust ; Jean de Goret, écuyer, sieur de Genouillé ; René de Goret, écuyer, sieur des Saules, conseiller au Présidial de Poitiers, et Jean de Goret, écuyer, sieur d'Elbenne. Ces deux derniers avaient fait bâtir les anciennes halles de Poitiers, près des trois piliers, pour remplacer celles qu'un incendie avait détruites, et ils étaient seigneurs de ce fief des halles, à la suite de Louise de Montbron, dame de Sansac, (femme de Louis Prévost, chevalier, seigneur de Sansac, dont il est parlé dans la note précédente), en faveur de laquelle Henri III avait institué, par lettres patentes du

De ce mariage sont issus :

1° **N.**, qui suit ;
2° **MARIE-MADELEINE**, née en 1709, mariée à Théodore Broussard, écuyer, seigneur de Villairet. Une fille issue de ce mariage, Julie-Élisabeth, épousa, le 4 avril 1769, Josué Pandin, chevalier, seigneur de Lussaudière, et est morte le 25 messidor an VI, âgée de 89 ans, chez ses petits-fils, Jacques-Gaspard et Josué-Louis Pandin. (Reg. de Prailles.)

XVIII. — **PORTE** (N. de La), écuyer, seigneur d'Estrades, épousa N. Broussard, probablement fille de Bertrand, écuyer, seigneur de Fontmarais, gentilhomme de la vénerie du roi, et d'Élisabeth de Jansen, tante de M. le chevalier de Jansen, de Chaillot-lès-Paris.

De ce mariage est né :

1° **JACQUES**, qui suit ;
2° **N.**, et
3° **N.**, deux filles, dont l'une a épousé N. d'Anville, morte sans laisser d'enfants ; l'autre mariée à N. de Massougne.

XIX°. — **PORTE** (Jacques de La), écuyer, seigneur d'Estrades, né vers 1729 à Estrades, paroisse de Verdille, épousa à Cognac Marie-Julie Lériget de Chateau-Gaillard. Il est mort à Lussaudière à l'âge de 82 ans, le 12 octobre 1811, chez son cousin issu de germain, Jacques-Gaspard Pandin, petit-fils, par sa mère Julie-Élisabeth Broussard de Fontmarais, de Marie-Madeleine de La Porte. (Reg. de la paroisse de Prailles.)

De ce mariage sont issus :

1° **HENRI-GASPARD**, qui suit ;
2° **JACQUES-GASPARD**, né le 10 octobre 1762, entra cadet gentilhomme, le 4 avril 1778, dans le régiment de Guienne infanterie, créé par ordonnance

---

28 septembre 1577, deux nouvelles foires, outre celles de Saint-Luc (18 octobre) et de la mi-carême. René et Jean de Goret descendaient de Mathurin de Goret, écuyer, sieur de Fontcléret, vivant en 1511, et avaient pour père Louis de Goret, écuyer, conseiller à Poitiers.

Avant la démolition des anciennes halles, qui ont été rebâties en 1834, on voyait sur le principal mur de la façade les armoiries des de Goret et d'Elbenne, accolées ; de Goret : *d'argent, à la fasce de gueules, accompagnée de trois hures de sanglier, arrachées de sable, lampassées de gueules et mirées d'argent, 2 en tête, 1 en pointe;* d'Elbenne : *d'azur, à deux sceptres de France d'argent, en sautoir.*

Voy. *Abrégé de l'Histoire du Poitou,* par M. Thibaudeau (1783), t. II, pag. 98 et suiv., et 366.

du roi du 25 mars 1776, y passa sous-lieutenant le 8 avril 1779, lieutenant le 1er juin 1789, et fut reconnu à ce grade le 16 août suivant. Il émigra en 1792, et est mort à l'abbaye de Saint-Lendelain, le 12 janvier 1794; son épitaphe est ainsi conçue :

> Il vécut pauvre et vertueux,
> Eut des amis et fut heureux.

3° **MARIE**, mariée à Louis-Pierre DE SAINT-MARTIN DE FRAGNE, paroisse des Églises, près de Saint-Jean-d'Angély, fils de Louis, chevalier, seigneur des Granges, près Saint-Jean-d'Angély, Cabourne, etc., et de Marie-Anne Le Coq de Boisbaudran.

De ce mariage sont nés onze enfants.

4° **VICTOIRE**, mariée à Jean-Guy GUÉRIN DE FONTJOYEUSE, paroisse de Saint-André, près Cognac, dont postérité ;

5° **HENRIETTE**, morte célibataire à Angoulême ;

6° **JULIE**, mariée à N. D'ARNAULD, ministre protestant à Pons, dont deux filles ;

7° **ÉLISABETH**, mariée à N. MAREAU, près Cognac ;

8° **ESTHER**, morte célibataire à La Rigoletterie, paroisse de Saint-André, près Cognac.

XXᵉ. — PORTE (HENRI-GASPARD DE LA), écuyer, seigneur d'Estrades, né à Cognac le 20 mai 1760, entra cadet gentilhomme au régiment de Guienne le 6 juin 1776, y passa sous-lieutenant le 30 janvier 1778 et y resta jusqu'en 1782, année de sa retraite. Ayant émigré, il servit dans l'armée de Condé, où il fit six campagnes de 1791 à 1799, et fut blessé d'un coup de feu au pied gauche, au combat de Kamlack, le 13 août 1796. Il entra ensuite en qualité de sous-lieutenant au 4ᵉ bataillon des volontaires royaux de Vincennes, ainsi que le prouve un certificat du colonel commandant d'armes d'Ajaccio, daté de Paris le 20 octobre 1815. Il fut amnistié le 23 août 1813. A la rentrée des Bourbons, le roi lui donna un brevet de capitaine d'infanterie à prendre rang du 30 janvier 1798, et le fit chevalier de Saint-Louis, le 11 octobre 1814 (la croix lui fut conférée, le 16 suivant, par S. A. R. le duc de Berry). Il reçut en outre une pension de 600 fr. sur la liste civile, à partir du 1er janvier 1817. Nommé conseiller de préfecture à Angoulême, en 1815, il exerça, comme doyen, les fonctions de secrétaire-général depuis le 17 avril 1817 jusqu'au 1er octobre 1820 [1].

[1] Henri-Gaspard de La Porte, ayant suivi en Wolhynie le prince de Condé (Henri-Joseph de Bourbon), servit aussi dans la compagnie 3ᵉ lieutenance-colonelle du régiment noble à pied. Un certificat qui lui fut délivré au quartier-général de Dubno, par le prince, pour attester sa conduite honorable, son zèle, son

Il épousa : 1° le 12 juin 1782, en la paroisse d'Auge, par contrat passé devant Feniou, notaire à Thors, Marie-Félicité DE LIVENNE, fille de Jean-Charles, écuyer, seigneur de Verdille, et de Paule-Pélagie de Livenne de Bâlan, sa cousine germaine, qui mourut au Bouquet, paroisse de Javrezac, le 29 septembre 1791.

De ce mariage sont nés :

1° **JACQUES-GASPARD**, qui suit ;

2° **CHARLES**, baptisé à Passirac le 31 mars 1786, tué au service, en Espagne ;

3° **ANNE-VICTORINE**, baptisée à Javrezac le 28 décembre 1789, mariée à Jean-Pierre DAVID, fils de Pierre et de Jeanne Labonne ; un fils est issu de ce mariage ;

4° **ALEXANDRINE**, baptisée à Javrezac le 6 juillet 1791, première femme de Pierre CALLANDREAU, procureur du roi à Angoulême, décédé à Angoulême, en 1845, conseiller honoraire à la Cour de Bordeaux, dont une fille, ANNE-MARIE-FÉLICIE, mariée à Auguste GOURGUES DE SAINT-ANDRÉ, inspecteur des Domaines à Limoges, aujourd'hui directeur à Digne.

---

courage et sa bonne volonté, l'autorisait aussi à quitter le service, que sa blessure ne lui permettait pas de continuer, et à s'établir, sur sa demande, à Sielesse.

Il contribua puissamment par ses conseils à l'organisation du lycée fondé par le comte Thadé Czacki à Kremenetz, petite ville renommée depuis dans toute la Pologne et la Russie méridionale. On enseigne dans cet établissement, connu sous le nom de Gymnase de Wolhynie, le droit, les sciences physiques et naturelles, les mathématiques, la littérature, les beaux-arts et les arts d'agrément ; on y a joint des écoles de mécanique, de jardinage, etc.; un observatoire, un jardin botanique, une imprimerie, une bibliothèque et un cabinet de physique y sont annexés.

Chargé spécialement de l'éducation des enfants issus du mariage du comte Czacki et de Beata Potocka, M. de La Porte accomplit heureusement cette tâche délicate, ainsi que le témoigne la lettre suivante :

« MONSIEUR,

« C'est avec regret que je vois votre départ de notre gymnase de Kremenetz. Comme employé public et « comme homme privé, je vous dois le témoignage que, pendant douze ans consécutifs, vous fûtes, « Monsieur, le guide de mon neveu, que vous l'accompagnâtes à Kremenetz, et que vous y fûtes, parmi « les instituteurs et les surveillants de la jeunesse, du nombre de ceux qui ont mérité l'estime de leurs « préposés et la reconnaissance des familles. Il m'est bien agréable de vous réitérer l'assurance de mon « estime. Partout où vous vous trouverez, Monsieur, veuillez bien être assuré qu'en me rappelant votre « nom, je me souviendrai toujours que c'était à vos lumières et à votre honneur que fut confiée la garde de « mon neveu, et que vous avez laissé ici un souvenir comme on doit l'attendre d'un homme vertueux et « éclairé.

« J'ai l'honneur d'être, etc.

« Comte CZACKI,

« Conseiller privé de S. M. l'Empereur de toutes les Russies.

« Kremenetz, le 26 octobre V. S. 1811. »

Il se maria : 2° en 1821, à Angoulême, avec Marguerite Barbot de La Trésorière, fille de Jean-Marc, ancien capitaine de grenadiers, chevalier de Saint-Louis, et de Marguerite Châtenet.

XXIᵉ. — **PORTE** (Jacques-Gaspard de La), appelé le baron de La Porte, né au château du Châtelard, paroisse de Passirac (Charente), le 18 décembre 1784 ; entré volontaire au 20ᵉ régiment de dragons, le 26 avril 1803 ; chevalier de la Légion-d'Honneur, le 1ᵉʳ octobre 1807 ; sous-lieutenant, le 4 octobre 1808 ; lieutenant, le 9 juin 1812 ; capitaine, le 24 décembre 1813 ; aide-de-camp du lieutenant-général comte Corbineau, aide-de-camp de l'Empereur, le 4 avril 1815 ; chevalier de Saint-Louis, le 26 avril 1821 ; officier de la Légion-d'Honneur, le 16 octobre 1823 ; major au 3ᵉ régiment de dragons, le 23 mai 1825 ; major à l'École royale de cavalerie, le 1ᵉʳ septembre 1827 ; chef de bureau de la remonte générale au ministère de la guerre, le 22 avril 1831 ; sous-intendant militaire, le 29 septembre 1837, a fait constamment la guerre jusqu'en 1823 inclusivement.

M. de La Porte a publié divers écrits relatifs à l'amélioration de la race chevaline, quelques brochures politiques et un traité sur les devoirs du soldat. On lui doit la fondation des courses d'Angoulême ; il en a été le président depuis qu'elles ont commencé à avoir lieu (1851) jusqu'en 1856 inclusivement. Ce fut principalement par son initiative et par ses soins que parut, en 1849, la *Gazette de l'Angoumois*, journal qui avait pour but de défendre la société, la monarchie, la religion, la famille et la propriété, alors menacées par les funestes effets de la propagande révolutionnaire.

Il a épousé, le 12 février 1825, à Langonnet (Morbihan), Rosalie-Alexandrine de Livenne de Balan, fille de Charles-César-Joseph, appelé le baron de Livenne. (La famille de Livenne s'éteindra en la personne de Madame de La Porte.)

De ce mariage est issu :

CHARLES-CÉLESTIN-PAUL-GASPARD, qui suit.

XXIIᵉ. — **PORTE** (Charles-Célestin-Paul-Gaspard de La), né à Langonnet le 6 novembre 1825, officier des haras, a épousé, à Fontainebleau, le 18 décembre 1854, Louise-Julie Corbin de Saint-Marc [1], fille d'Auguste-

---

[1] Madame Charles de La Porte avait pour aïeul Pierre Corbin de Saint-Marc, écuyer, avocat au Parlement de Paris, ancien conseiller du roi en l'élection de Paris, marié avec Marguerite-Julie de Sainte-Alde ; et

Louis-Hippolyte, ancien avocat à la Cour d'appel de Paris, président du bureau d'assistance judiciaire, et administrateur de la caisse d'épargne et du bureau de bienfaisance de Fontainebleau, et de Pauline Brulley de de La Brunière.

§ IV.

PORTE (DE LA). BRANCHE DES SEIGNEURS DE CHAMPNIERS, EN PÉRIGORD.

IXᵉ. — **PORTE** (FRANÇOIS DE LA), chevalier de l'ordre du roi, l'un des cent gentilshommes de Sa Majesté, seigneur de Champniers, l'un des fils puinés de Jehan, écuyer, seigneur de La Porte-Lusignac, Champniers, etc., et de Jehanne du Barry, rapportés VIIIᵉ degré du § Iᵉʳ, épousa Marie-Anne BEAUPOIL [2], fille de Jean, seigneur de Saint-Aulaire, etc., premier seigneur du Bas-Limousin, maître d'hôtel du roi François Iᵉʳ, et de Jehanne-Marguerite de Bourdeilles. En 1537, il fut reçu au nombre des cent premiers gentils-hommes de la maison du roi, en remplacement d'Antoine de Noailles, et y servit jusqu'à la fin de mars 1551. *(Ext. d'Inv. des Comté de Périgord et Vicomté de Limoges, pag. 71, art. Pons, La Porte.)*

Deux enfants au moins sont issus de ce mariage :

1° **GERMAIN**, qui suit ;

2° **JEANNE**, mariée, par contrat passé au château de Champniers le 24 février 1556, avec Robert GREEN DE SAINT-MARSAULT, écuyer, seigneur de Parcoul,

---

pour bisaïeul Claude-François Corbin, écuyer, seigneur de Saint-Marc, fourrier ordinaire des logis de la reine, marié avec Jeanne-Claude de Ligny.

Les armoiries de la famille sont : *d'argent, à la fasce d'azur, chargée d'une quinte-feuille d'or, accostée de deux étoiles aussi d'or.*

[2] La famille Beaupoil est originaire de Bretagne et tenait dans le XIIᵉ siècle un rang de distinction parmi la haute noblesse de cette province. Elle a fourni deux grands échansons de France, à l'armée de vaillants officiers, et au clergé des hommes éminents. Deux de ses membres, Hervé et Geoffroy firent partie de la sixième croisade (1248). On trouve sa généalogie dans le tome II de l'*Histoire des Pairs de France*, dans le *Dictionnaire de la Noblesse*, de La Chesnaye des Bois, etc. La terre de Saint-Aulaire est en Limousin.

Armes : *de gueules, à trois accouples de chiens d'argent, posées en pal 2 et 1, les liens d'azur tournés en fasce.*

de Peudry et de La Barde, baron de Rochemaux, chevalier de l'ordre du roi, gentilhomme ordinaire de la chambre, fils de Samson, échanson de la reine de Navarre, l'un des gentilshommes du duc d'Alençon, et de Suzanne de Bauze de Belcastel.

Elle fit un testament mutuel avec son mari, le 2 septembre 1580.

X°. — PORTE (GERMAIN DE LA), chevalier, épousa Madeleine DE CRUC, dame de Gondeville, puis de Courpignac, qui, devenue veuve, se remaria avec haut et puissant Jules de Beaumont, seigneur de Rioux. Dans son testament fait à Beaumont, devant Cellier, notaire royal, le 7 octobre 1614, elle est dite dame de Saint-Bonnet, du grand et du petit Balzac, de Beaumont et Cravant en partie, et elle institue pour héritiers ses petites-filles : 1° Madeleine de Pons [1], femme de haut et puissant Gabriel de Saint-Georges, chevalier, seigneur et baron de Vérac, Mirambeau, Couhé, etc.; 2° Marie de Pons, femme de haut et puissant Paul d'Espagne, seigneur de Verneuil ou Vernelles; 3° Esther de Pons, femme de haut et puissant Raphaël de Fournel, seigneur et baron de Grateloup; 4° Henriette de Pons, femme de haut et puissant Henri du Lau, seigneur de Cellettes; et ses arrière-petits-enfants issus de feu Louise de Pons et d'Isaac de La Porte, écuyer, seigneur de Châtillon. Une autre de ses petites-filles, Jeanne de Pons, était morte non mariée.

De Germain de La Porte et de Madeleine de Cruc sont issus :

1° **MARIE,** dame de Champniers, mariée avec Jacques DE PONS, deuxième du nom, baron de Mirambeau, descendant des sires de Pons, fils de François, marquis de Mirambeau, et de sa première femme Françoise Geoffroy, de la maison de Dompierre. De ce mariage sont nées : 1° HENRIETTE, femme de haut et puissant Henri DU LAU, seigneur de Cellettes, en Angoumois, auquel elle porta la terre de Champniers; — 2° LOUISE, mariée en 1603 avec Isaac DE LA PORTE, écuyer, seigneur de Châtillon; — 3° MARIE, mariée avec haut et puissant Gédéon DE PRESSAC DE LIONCEL, baron de Lisle, en Périgord, et de La Chièze.

2° **JEANNE,** mariée, par contrat du 2 avril 1579, passé au château de Champniers devant Virolleau, notaire royal, avec noble et puissant Jacques DE BEAUMONT, seigneur dudit lieu et de Rioux, fils de haut et puissant messire Jules, chevalier, gentilhomme ordinaire de la chambre du roi, et de Régne N.... Lors de ce contrat elle était assistée de Marie Beaupoil de Saint-Aulaire, alors veuve, son aïeule; de Marie de Cruc, sa mère, et de Martial Audier, écuyer, seigneur de Moncheuil, son oncle. Étant devenue veuve, elle transigea le 27 juin 1614, à Gemozac, devant Cellier, notaire royal en

---

[1] Madeleine de Pons épousa en secondes noces Armand d'Escodeca de Boisse, seigneur de Pardaillan.

Saintonge, avec haut et puissant Daniel de Beaumont, seigneur du Pin, et Anne de Beaumont, femme de haut et puissant Louis Richard, seigneur de La Garde-aux-Valets, gouverneur du pays d'Aunis, lesquels étaient héritiers de son mari, sous bénéfice d'inventaire ; et avec Madeleine de Cruc, veuve de Jules de Beaumont, chevalier, dame de Saint-Bonnet et du grand et du petit Balzac, comme étant au lieu et place de Florence de Brémond, relite de feu Régne de Beaumont, écuyer, seigneur dudit lieu, et pour lors femme du baron de Citran. Le 1er juillet suivant, elle passait un accord au château de Beaumont, devant le même notaire, avec Madeleine de Cruc, sa mère.

§ V.

PORTE (DE LA). BRANCHE DES SEIGNEURS DE SAINT-GENIS, DE COMARQUE, DE BRIANE, DE BEAUMONT, DE CRAVANT, ETC.

XIVᵉ. — **PORTE** (Armand de La), premier du nom, écuyer, seigneur de Saint-Genis, second fils de Jacques, écuyer, seigneur de Mirambeau, et de Catherine de Morel, rapportés au XIIIᵉ degré du § II, épousa, par contrat du 31 décembre 1663, Marie Rodier, fille unique de Jean, écuyer, seigneur de Tasserant, et de Sara Marchais, l'un et l'autre de l'église réformée de Gemozac.

Il fut maintenu dans ses prérogatives nobiliaires, en même temps que son frère aîné Henri, par M. l'intendant Daguesseau, le 21 mai 1667. Il décéda au château de Gemozac, après avoir testé le 4 juillet 1691, et sa veuve fit procéder le 31 août suivant, par Fouchier, notaire, à l'inventaire de sa succession, puis elle vendit, le 17 février 1702, une métairie située en la paroisse de Berneuil, à Marie Cartel.

Ils eurent pour enfants :

1º **ARMAND**, qui suit ;
2º **MARIE** ;
3º **LOUISE** ;
4º **N.**

Marie et Louise étaient majeures au moment du décès de leur père ; Armand et N. étaient mineurs et représentés par Henri de La Porte, écuyer, seigneur de Beaumont, Cravant, leur oncle paternel, et Jacques de Morel, chevalier, seigneur de Salles, demeurant au logis noble de Vozelle, en Périgord, leur oncle à la mode de Bretagne.

XV°. — **PORTE** (ARMAND DE LA), deuxième du nom, écuyer, seigneur de Comarque et Briane, fut convoqué avec ses fils au ban de la noblesse tenu à Saintes le 15 juin 1758, et fut dispensé de servir à cause de son âge avancé.

Il épousa, par contrat sous seing privé, fait à Bordeaux le 8 mai 1719 et déposé le 9 juin suivant chez Dubois, notaire, Françoise-Marie DE QUEUX [1], fille de feu Jacques, chevalier, seigneur de Saint-Hilaire, et de Louise-Marie Gaillard de Saint-Marc, d'où sont issus :

> 1° **JEAN-BAPTISTE-ANDRÉ-ARMAND**, qui suit ;
> 2° **JACQUES-HENRI**, écuyer, seigneur des Salles, de Rioux, de La Richar-·dière, etc., servit dans le régiment de cavalerie du roi, où il passa successi-·vement lieutenant, capitaine par brevet du 20 mars 1759, et major par commission du 3 mai 1761 ; fut nommé par sentence du lieutenant-général de Saintes, le 16 janvier 1781, curateur des enfants mineurs de son frère.
> Il avait épousé N. PYNIOT, qu'il laissa veuve sans enfants, et qui, après sa mort, partit de Gemozac pour aller habiter Saintes.
> 3° **SIMON-FÉLICIEN**, écuyer, sieur de Champeau, ancien cornette de cavalerie, assista avec son frère aîné au ban de Saintonge tenu le 15 juin 1758 ; il fit son testament mystique le 28 thermidor an VIII, enregistré à Cozes le 28 fructidor suivant ;
> 4° **MARIE-HENRIETTE** ;
> 5° **SUZANNE-LOUISE**.

Marie de Queux, restée veuve, testa au château de Beaumont, le 29 juillet 1769, devant Thirion, notaire royal.

XVI°. — **PORTE** (JEAN-BAPTISTE-ANDRÉ-ARMAND DE LA), écuyer, seigneur de Comarque, de Beaumont et Cravant, chevalier de Saint-Louis, entra cornette le 22 janvier 1743 dans le régiment de Saint-Simon cavalerie où il devint capitaine par commission du 1er août 1743, et servit ensuite en cette qualité dans le régiment d'Archiac. Il fut émancipé le 4 février 1752, par acte reçu Chollet, notaire royal, juge sénéchal de Gemozac, étant parvenu à l'âge de 31 ans. Il assista au ban de Saintonge tenu à Saintes le 15 juin 1758,

---

[1] La famille de Queux est originaire de Bourgogne. Adam de Queux, conseiller d'État, qui fut envoyé par Charles VII, roi de France, avec le duc de Bourbon, comme commissaire pour traiter de la paix avec le roi d'Écosse, eut plusieurs enfants, parmi lesquels se trouvait Olivier, qui vint se fixer à La Rochelle en 1480, fut maire et gouverneur de cette ville trois fois en dix-neuf ans, et se retira ensuite en Saintonge, ainsi qu'il en est fait mention sur le registre des maires de La Rochelle.

Elle porte pour armoiries : *d'or, à trois hures de sanglier arrachées de sable, défendues d'argent, 2 et 1,*

alors que les Anglais menaçaient d'attaquer nos côtes, et fit partie de la commission. Il rendit au roi, le 8 mai 1765, un aveu et dénombrement, qui fut reçu au bureau des Domaines, le 8 août 1767, pour ses terres situées en la paroisse de Saint-Martin-en-Blaye, sénéchaussée de Guienne, lesquelles avaient été transmises à sa femme par Françoise-Jacquette Gaillard, veuve de Jean de La Roque, écuyer, seigneur de La Garonne, par son testament du 29 mai 1720, déposé chez Bernard, notaire à Bordeaux, et le 25 mars 1767, il rendit un autre hommage et dénombrement au duc de Richelieu, comme seigneur de la comté de Cognac, à cause de son fief de Puycournaud.

Il épousa en premières noces Marthe DE LA PORTE, fille d'Armand, chevalier, seigneur de Saint-Genis, Beaumont, etc., et de Marthe Drouet ; le contrat fut passé dès le 12 septembre 1751, et le mariage ne fut célébré que le 10 juillet 1752, en l'église de Saint-Martin de Palaiseau, diocèse de Paris.

Il se maria en secondes noces, par contrat du 3 octobre 1763, avec Marie-Jeanne-Henriette PANDIN [1], fille de Jean-Gaspard, chevalier, seigneur de Romefort, de Beauregard, du Breuil, de Bernac, de Mouchedeune, etc., qui testa à Pons, le 7 mars 1778, devant Renaud, notaire royal, le 19 février 1780, et de Marie-Élisabeth-Henriette-Green de Saint-Marsault ; le mariage fut célébré le 8 novembre 1763 dans l'église réformée de Cognac, après publication faite dans celle de Gemozac ; elle resta veuve et partagea comme mère tutrice de ses enfants mineurs, avec ses beaux-frères et belles-sœurs, la succession de feu Armand de la Porte et de Françoise-Marie de Queux. Aux termes de ce partage, il fut d'abord prélevé au profit des mineurs les droits d'aînesse revenant à leur père, et il leur fut ensuite attribué le fief noble de Comarque et Briane, près Blaye, ainsi que la métairie noble de Champeaux, près Chizé, en Poitou ; Jacques-Henri eut la terre de Gemozac ; Simon-Félicien, Marie-Henriette et Suzanne-Louise eurent pour leur part les fiefs

---

[1] La famille Pandin, suivant des arrêts du Conseil et un arrêt de la Cour des aides de Paris, rendu le 23 février 1764, faisait alors remonter sa noblesse à près de 500 ans. Gaspard Pandin, écuyer, seigneur de Romefort, fut maintenu par ces arrêts, lui et ses descendants nés et à naître en légitime mariage, dans tous les droits et prérogatives attachés à la noblesse, sauf le cas de dérogeance. Charles Pandin, écuyer, seigneur du Treuil, petit-fils de Jean Pandin, écuyer, seigneur de Beauregard, fut aussi maintenu dans sa noblesse, par arrêt du Conseil d'Etat du roi, rendu en 1667 ; il épousa en 1704 Marie Lériget, dont est venu Jean-Gaspard, écuyer, né en 1712.

Elle porte : *d'azur, à trois pals d'argent, au chef cousu de gueules, chargé de deux fasces d'or, une bande de même brochant sur le tout.* (La Chesnaye des Bois, t. XI, édit. in-4° ; *Armorial de France,* reg. I, part. II.)

nobles de Puycournaud et du Petit-Raimond, en Saintonge. Dans ce partage, il est aussi fait mention de diverses rentes et créances et de marais salants.

Elle mourut le 14 janvier 1781. Son mari était décédé depuis longtemps, car, dès le 11 janvier 1769, elle avait fait faire un acte de tutelle de ses enfants, à la suite d'un inventaire daté du 15 novembre 1768. Elle avait pour frères : Louis-Pharamond Pandin, chevalier, seigneur de Narcillac, baron de Tonnay-Boutonne, et Charles Pandin, chevalier de Romefort, seigneur de Luchac et de Rouillac, capitaine au régiment de Touraine infanterie.

Ils eurent pour enfants :

1° **GASPARD-ARMAND**, qui suit ;

2° **LOUIS-JEAN**, né le 4 octobre 1768 et baptisé le 8 suivant dans l'église réformée de Gemozac, passa sous-lieutenant dans le régiment d'Agenois infanterie, le 1er avril 1790, émigra et est mort célibataire, en la commune de Périgny, près La Rochelle, chez son oncle, M. de Romefort, vers le milieu de l'année 1807 ;

3° **MARIE-MARTHE**, en faveur de laquelle sa mère fit un testament, le 10 janvier 1781, devant Roullet, notaire royal, contrôlé à Gemozac. Elle épousa : 1° en 1782, Jean-Auguste-Pharamond DE SAINT-LÉGIER, écuyer, fils de messire Jean-Auguste, écuyer, seigneur d'Orignac, chevalier de Saint-Louis, et de Marie Boullanger, dont un fils nommé AUGUSTE ou EUGÈNE, dit le comte de Saint-Légier, député sous la Restauration. Il figure en 1824 comme héritier pour un douzième dans la succession de M. Charles-Pierre Pandin, son grand-oncle, par représentation de Marthe de La Porte, sa mère, décédée ; 2° N. DE SAINT-LÉGIER, cousin de son premier mari et amiral, dont : ALEXIS, mort à La Rochelle, capitaine au 1er régiment d'infanterie de ligne ; — ÉDOUARD, chef d'escadron d'artillerie, marié avec la fille du général de Lassalle ; — ADÉLAÏDE, mariée le 10 juillet 1815, à Saint-Georges-de-Didonne (Charente-Inférieure), avec Gustave-Charles-Madey d'ESCOUBLANT, fils de Charles, créole de la Martinique, et de Rose Brière, dont un fils mort jeune et une fille.

4° **ANNE-MARIE**.

XVII°. — **PORTE** (GASPARD-ARMAND DE LA), écuyer, seigneur de Beaumont, qualifié marquis par la noblesse de Saintonge, né en 1765, entra volontaire dans le régiment de cavalerie du roi, où il passa sous-lieutenant, après avoir produit à M. Chérin, généalogiste de la Cour, les titres constatant sa noblesse.

Il épousa : 1° Catherine-Louise COTTIN DE LA THUILLERIE, dame de Courcillon, au pays du Mans, fille mineure de Jean-Jacques, chevalier, seigneur de Mauregard, Voré, Saint-Hilaire, Saint-Sulpice, etc., capitaine de cavalerie au régiment de royal-cravates, chevalier de Saint-Louis, et de Jeanne-Louise Renouard ; elle décéda le 19 novembre 1792 ; 2° Marie-Anne-

Antoinette Frétard d'Escoyeux, fille de Louis-Alexandre, lieutenant des vaisseaux du roi, chevalier de Saint-Louis, et de Louise de Saint-Mathieu des Toûches[1].

Du premier lit est issu :

1° **JEAN-ARMAND**, qui suit.

Du second mariage sont nés :

2° **GASPARD-ALPHONSE**, né à Saintes le 11 novembre 1798, marié dans cette ville en 1828, par contrat reçu Me Drilhon, notaire, avec Marie-Félicité Boscal de Réals, fille de Charles-François, ancien maire de Saintes, ancien député sous la Restauration, connu sous le nom de comte de Réals, officier de la Légion-d'Honneur, et de Jeanne-Louise Martin de Bonsonge. Il a été sous-inspecteur des forêts, et est mort à Saintes, en avril 1840, laissant trois filles, une autre étant morte en bas âge : 1° Caroline ; — 2° Marie ; — 3° Clotilde.

3° **PHARAMOND-AMÉDÉE**, né à Beaumont le 28 janvier 1800, directeur des Domaines à Niort, a épousé, le 27 novembre 1833, à Saint-Dizant-du-Gua, par contrat du 12 novembre 1833, reçu Me Boulineau, notaire, Eugénie-Marie-Anne Manès, fille de Charles-Marie et de Madeleine Fribault.

De ce mariage sont nés quatre enfants morts en bas âge, à l'exception de Jean-Armand-Amédée, né à Niort le 20 juin 1848.

4° **ZOÉ-ÉMELINE**, née à Beaumont le 10 juin 1803, mariée aussi à Beaumont, le 27 octobre 1828, avec Jean-César Mauduit de Kerlivio, fils de Jean-Baptiste-Mathurin-Annibal, ancien officier d'infanterie, et de Anne-Marie de L'Estang de Rulle ;

5° **HORTENSE**, née à Cravant, le 31 mai 1805, mariée aussi à Cravant, le 29 mai 1833, avec François-Nicolas Huon de Létang, fils de Claude-Guillaume, commissaire-général de la marine, et de Marie-Sophie de La Chambre, dont un fils mort jeune et deux filles.

XVIII°. — **PORTE** (Jean-Armand de La), appelé le comte puis le marquis de La Porte, né à Pons le 10 mars 1791, fut nommé lieutenant de la 1re compagnie de chasseurs de la garde nationale du département de la Charente-Inférieure, par brevet du 19 août 1813, entra en 1814 dans les chevau-légers du roi, d'où il se retira en 1816.

---

1 Le mariage fut célébré à Château-Chenel, près Cognac, en 1797. La famille Frétard d'Escoyeux possède cette terre depuis 1781, par suite d'une alliance. Le château, vaste et imposant, fut bâti en 1610 par Charles-Roch de Chesnel qui lui donna son nom ; il a été la résidence du comte d'Orvilliers, qui commandait les escadres réunies de la France et de l'Espagne au combat d'Ouessant, en 1778.

La famille de Frétard porte pour armoiries : *de gueules, fretté d'argent*.

Marié le 20 avril 1820, à Mondion, près Châtellerault, avec Victorine--
Hélène-Marie DE LA BROUE DE VAREILLES, comtesse d'Hust et du Saint-
Empire [1], fille de feu Ferdinand-Maximilien-Louis-Marie, comte d'Hust et du
Saint-Empire, et de Louise-Marie Prévost-Sansac de Touchimbert.

Plusieurs enfants sont nés de cette union, mais deux seulement existent :

1° JEAN-GABRIEL, comte d'Hust, né à La Roche de Vouneuil, près Poitiers,

---

[1] M. Borel d'Hauterive a publié dans son *Annuaire de la Noblesse* (année 1854) une notice sur les comtes
d'Hust et du Saint-Empire, et a donné la généalogie fort étendue de la famille de Basta, dont un des
membres a été revêtu de ce titre, aujourd'hui porté par les rejetons de plusieurs maisons, qui vient
d'Hulst ou Hust (en latin *Hulstum*), petite ville située dans la Zélande (Pays-Bas hollandais), à quelques
lieues au nord de Gand et d'Anvers, et qui fut accordé par diplôme de l'Empereur Rodolphe II, en date du
4 septembre 1605, au comte Georges de Basta, son conseiller, et à tous *ses enfants et descendants légitimes
de l'un et l'autre sexe.* Ces dernières expressions, interprétées depuis deux siècles dans leur sens le plus
étendu, ont fait appliquer le titre de comte d'Hust et du Saint-Empire à toute la postérité issue de Georges
de Basta par les mâles et par les femmes, et c'est ainsi qu'il est arrivé à Madame de La Porte, qui l'a
transmis à ses enfants, comme à leur tour ils le transmettront à leur descendance. L'usage le plus général,
aujourd'hui, est de ne pas ajouter après les mots *comte d'Hust* ceux *et du Saint-Empire.*

FILIATION.

Victorine-Hélène-Marie de La Broüe de Vareilles, comtesse d'Hust (Madame de La Porte), avait pour père
Louis-Marie-Maximilien-Ferdinand de La Broüe de Vareilles, comte d'Hust, qui était fils de
Louise-Julie-Adélaïde Langlois de Montry, comtesse d'Hust, fille de
Élisabeth-Philippine Basta, comtesse d'Hust, fille de la seconde union de
Nicolas-Ferdinand Basta, comte d'Hust, fils de
Ferdinand Basta, comte d'Hust, dont le père
Georges Basta, fut le premier comte d'Hust et du Saint-Empire, libre baron de Silésie.

Ce dernier resta trente ans au service de l'Espagne aux Pays-Bas, succéda à Nicolas, son frère, dans le
gouvernement de Gueldres, se distingua aux sièges de Maëstricht, d'Hust, d'Anvers, de Courtray, etc.
L'empereur d'Autriche, Rodolphe II, l'attira en Allemagne, lui donna divers commandements dans les
guerres contre les Turcs, en Hongrie, en Transylvanie, et lui conféra, par lettres patentes du 25 février 1598,
la charge de général de cavalerie que le roi d'Espagne lui permit d'accepter. Quatre ans après, à la mort de
l'archiduc Mathias, frère de l'empereur, il fut mis à la tête de l'armée des Impériaux. Il se signala par plusieurs victoires, par le ravitaillement de Varadin et par la défense de Strigonie.

Ce fut en récompense de ces éclatants services que Rodolphe II lui donna le titre de *comte d'Hust et du
Saint-Empire,* avec transmission à toute sa postérité des deux sexes, et avec le droit de charger ses armes
de l'écu de l'Empire. Cette concession a été enregistrée dans l'*Armorial de Flandres* de 1696. Les armes de
l'Empire sont: *d'or, à l'aigle éployée de sable;* celles de Basta sont: *écartelé aux 1 et 4 de gueules, au
cavalier vêtu d'azur sur un cheval d'argent et tenant une épée haute de même; aux 2 et 3 d'argent, à une
barre hérissée de flammes de gueules.*

Georges Basta mourut à Vassy, le 20 novembre 1607, et son corps fut enterré à Vienne, en Autriche,
dans l'église de Sainte-Croix, dont il avait été un des bienfaiteurs.

La famille de La Broüe porte pour armoiries: *d'azur, au chevron d'or, accompagné en chef de deux
coquilles d'argent et d'un gantelet de même renversé en pointe.*

le 19 mars 1829 ; marié le 27 janvier 1857, à Angers, par contrat passé
le 26 devant M⁰ Souchay, notaire, avec Catherine-Émilie DE GRANSAIGNE[1],
fille de Louis, ancien garde du corps du roi, et de Césarine-Antoinette
de Terves ;

2⁰ GASPARD-LOUIS-HENRI, comte d'Hust, né à La Roche le 28 janvier 1832,
marié le 8 janvier 1855, au château de Salles, près La Motte-Sainte-Héraye
(Deux-Sèvres), avec Mademoiselle Louise-Agathe-Junia DE LESCOURS[2], fille de

---

[1] Nous donnons *in extenso* le document suivant relatif à la famille de Grandsaigne :

« Nous, Antoine-Marie d'Hozier de Sérigny, chevalier, juge d'armes de la noblesse de France, chevalier
grand'croix honoraire de l'ordre royal des saints Maurice et Lazarre de Sardaigne, certifions que Léonard
de Grandsaigne, écuyer, seigneur d'Essenat, lieutenant de Nosseigneurs les Maréchaux de France, Jean de
Grandsaigne, écuyer, seigneur des Jauberlies, et Antoine de Grandsaigne, écuyer, seigneur de Jussat, ci-
devant capitaine des grenadiers au régiment d'Artois infanterie, chevalier de l'ordre royal et militaire de
saint Louis, frère dudit Jean, ces deux derniers cousins germains dudit Léonard, sont en droit de jouir des
privilèges accordés aux anciens gentilshommes du Royaume, Pierre de Grandsaigne des Plats, écuyer, seigneur d'Essenat, leur aïeul commun, ayant été maintenu dans sa noblesse par arrêt du Conseil d'État du
Roi, rendu à Saint-Germain, le 31 mai 1672., dont le prononcé est conçu en ces termes :
« Le Roi, en son conseil, maintient et garde Pierre de Grandsaigne, sieur des Plats, en la qualité de noble
« et d'écuyer; ordonne qu'il jouira, ses enfants et postérité, nés et à naître en légitime mariage,
« des droits, privilèges, honneurs et exemptions dont jouissent les gentilshommes du Royaume, à l'effet de
« quoi, il sera inscrit dans le catalogue desdits gentilshommes. »
« En foi de quoi nous avons signé le présent certificat et l'avons fait contresigner par notre secrétaire, qui
y a apposé le sceau de nos armes.
« A Paris, le samedi, quinzième jour du mois de novembre de l'an mil sept cent quatre-vingt-huit.

                                        « D'HOZIER DE SÉRIGNY.

» Contresigné
« Par Monsieur le juge d'armes de la noblesse de France.

                                        « DUPLESSIS. »

Diane de Grandsaigne, fille d'honneur de la Reine, était de cette famille. Elle était fille de Jean, seigneur
de Marsillac, et de Catherine de La Beraudière, et épousa Gabriel de Rochechouart, duc de Mortemart, pair
de France, prince de Tonnay-Charente, etc., premier gentilhomme de la chambre du Roi, en 1630, et chevalier de ses ordres, en 1633, en faveur duquel Louis XIV érigea en duché-pairie le marquisat de Mortemart,
au mois de décembre 1650, et qui fut gouverneur de la ville de Paris et de l'Ile-de-France. Elle mourut à
Poitiers, le 10 février 1666, et fut enterrée dans le chœur de l'église des Cordeliers de cette ville. Le duc de
Mortemart et de Vivonne, maréchal de France ; Madame la marquise de Damas de Thianges; Madame la
marquise de Montespan et l'abbesse de Fontevrault, si renommée par son bel esprit, étaient ses enfants.
La famille de Grandsaigne porte, d'après l'armorial de la Généralité de Poitiers : *d'azur, à cinq besants
d'argent, posés 2, 2 et 1.*
[2] La famille de Lescours (en latin *de Curiis*) est d'origine chevaleresque et très ancienne. Jean-Baptiste
Junien, comte de Lescours, aïeul de madame Henri de La Porte, descendant des barons de Savignac (terre
située à une lieue de Libourne), et des comtes d'Oradour-sur-Glane, en Limousin, fut d'abord page, puis

Charles-Léon, comte de Lescours, ancien officier au 18ᵉ régiment de chasseurs, et de Louise-Henriette-Félicie Green de Saint-Marsault, issue des barons de Châtelaillon. De ce mariage sont nés au château de Salles : 1° Henri-Armand, comte d'Hust, le 23 novembre 1855 ; — 2° Paul-Ferdinand-Junien, comte d'Hust, le 21 janvier 1857.

---

garde du corps du Roi; les titres en vertu desquels il fut reçu chevalier de Malte font remonter la filiation à Pierre de Lescours, chevalier, seigneur de Lescours, qui vivait à Saint-Émilion, en Guyenne, en 1250. La branche cadette, dite des marquis de Paransay (près Saint-Jean-d'Angély) s'est éteinte dans la personne d'une fille mariée à M. Léopold du Chesne de Vauvert, dont postérité.

Elle porte pour armoiries : *cotice d'or et d'azur, de dix pièces.*

www.ingramcontent.com/pod-product-compliance
Lightning Source LLC
Chambersburg PA
CBHW060742280326
41934CB00010B/2320